마음을 열면 혁신이 온다

OPEN SYSTEM

유기풍 총장의 **'열린계'** 프로젝트

마음을 열면 혁신이 온다

초판 1쇄 인쇄 2016년 1월 3일
초판 1쇄 발행 2016년 1월 7일
2쇄 발행 2016년 1월 22일

지은이 유기풍
펴낸이 전익균

구 성 조양제
마케팅 정우진, 김지혜, 권태형
교 정 허 강
디자인 김 정
행 사 새빛에듀넷

펴낸곳 도서출판 새빛
전 화 02)2203-1996 팩 스 02)417-2622
출판문의 및 원고투고 이메일 svedu@daum.net
홈페이지 www.bookclass.co.kr
등록번호 제215-92-61832호 등록일자 2010. 7. 12

값 13,000원
ISBN 978-89-92454-20-9(03190)

※ 도서출판 새빛은 새빛에듀넷, 새빛북스, 에이원북스, 북클래스, 새빛인베스트먼트 등의 브랜드를 운영하고 있습니다.
※ 파본은 구입처에서 교환해 드리며, 관련 법령에 따라 환불해 드립니다
다만, 제품 훼손 시에는 환불이 불가능합니다.

새빛은 출판, 언론홍보, 행사 등을 하나의 시스템으로 구축하여 저자분들의 여러 마케팅효과를 극대화하기 위한 프로그램을 진행 중입니다. 새빛은 저자분들을 각 분야의 주인공으로 만들기 위해 최선을 다하고 있습니다.

이 도서의 국립중앙도서관 출판시도서목록(CIP)은 서지정보유통지원시스템 홈페이지(http://seoji.nl.go.kr)와 국가자료공동목록시스템(http://www.nl.go.kr/kolisnet)에서 이용하실 수 있습니다. (CIP제어번호:CIP2015034051)

마음을 열면 혁신이 온다

OPEN SYSTEM

유기풍 총장의 **'열린계'** 프로젝트

체계의 닫힌 경계를 허물지 않고는
자신의 좁은 한계를 넘어설 수 없다.
자신과 자신이 몸담은 조직의 통섭과 열린 혁신Open Innovation을 원한다면,
먼저 닫힌 상자 속 마음과 사유의 경계를 열어라.
지금 우리 젊은이들 앞에는 수많은 한계들이 '닫힌계Closed System'처럼
옹벽을 쌓고 있다.
닫힌 차원의 좁은 세계에 안주하지 말라!
닫힌 마음의 상자를 열고 '열린계'로 나아가면
무한한 가능성과 긍정의 힘이 보인다.

지은이 **유기풍**

도서출판 새빛
SAEVIT

추천사

우리는 인류문명이 결국 합리성의 산물임을 부정할 수 없다. 이 합리성은 독단적이고 체계적이며 폐쇄적인 경향으로부터 비판적이고 자율적이며 개방적인 추세로 진화해왔음을 현대 과학철학은 증언하고 있다. 또한 서구의 근대 과학혁명으로부터 현대의 양자혁명에 이르기까지 자연과학의 역사가 그것을 입증하고 있다. 수난과 질곡의 현대사를 살아온 이 땅의 한 과학도가 자신의 치열한 삶의 역정을 통해서 터득한 이른바 '열린계'가 이 시대의 '시대정신'임을 이 책에서 설파한다. 그는 과학적 탐구의 현장인 실험실로부터 수많은 군중이 운집한 축구 경기장에 이르기까지 거의 모든 영역에서 이 '열린계'가 작동하고 있다는 객관적 사실과 도덕적 당위를 설득력 있게 펼쳐 보인다. 삶의 현장에서도 그의 화학적 실험이 과연 제대로 수행되고 있으며 또 성과를 거둘 수 있을지 우리는 예의 주시할 필요가 있다.

엄정식(서강대 철학과 명예교수/생명다양성재단 이사장)

추천사

열린계? 외계와 물질이나 에너지의 입출이 가능한 시스템? 언뜻 들어도 영락없는 화학자의 말투다. 그런데 열린계가 통섭과 융합을 가능하게 한단다. 열역학에서 유래한 철학이 숨가쁘게 산업화 시대를 달려온 대한민국에게 계의 경계를 부수고 넘나드는 지혜를 선사한다. 평생을 거침없이 살아온 저자의 열린 사고가 가족과 청춘의 닫힌 문을 열어젖히더니 우리 삶의 온갖 갈등의 벽을 허물며 열린 학문과 열린 대학을 꿈꾸게 한다. "너는 닫혀 있는가, 열려 있는가?" 이 지극히 간단한 질문 하나에서 우리의 미래가 판가름 날 것이다. 사회에 첫 발을 내딛는 모든 젊음에게 이 책을 권한다.

최재천(이화여자대학교 에코과학부 교수/국립생태원 원장)

추천사

이것은 결코 꿈이 아니다. 몽상가의 독백도 상아탑의 점잖은 훈계도 아니다. 차라리 실현 가능한 현실이다. 새 교육의 방향이고 감성과 지성이 통섭된 희망의 지렛대다. 동서고금을 넘나들고 열역학에서 인문학까지 무수한 학문 영역들을 가로지르며, 저자는 열린 교육, 열린 희망, 열린 미래를 창출할 수 있는 '열린계' 프로젝트를 제안한다. 그 열린계 안에서라면 젊은이들은 역동적이고 창의적으로 도전하고, 혹 실패하더라도 다시 일어나 거듭 치열하게 도전하지 않을까? 저자의 '열린계' 프로젝트에 입각해 열린 노력을 수행한 청년들이 열어나갈 미래가 기대되고 흥분된다.

변대규(휴맥스홀딩스 회장/한국벤처기업협회 고문)

동료가 본 유기풍 총장

닫힌 경계를 열고 대학을 혁신하는 '열린계' 리더

유기풍 총장에게서는 틀에 박힌 권위를 찾기 힘들다. 서글서글한 선배의 인상을 받고 있지만 어떤 주제에 관해 이야기할 때는 맹수로 변신한다. 배포도 두둑하고 생각도 거침없다. 누구는 선이 굵은 사람이라고 얘기 한다. 그런 사람이 다소 보수적인 대학이라고 평가받는 서강대학교의 수장으로 일하고 있다. 수백편의 논문에 수백억 원 수준의 개인 연구비를 따내고, 제자들과 밤새워 논문을 쓰는 말 그대로 '제자 잘키우는 교수'인 유기풍 총장은 결코 연줄에 얽매이지 않고 당당히 자신만의 길을 걸어가는 사람이다. 장학금을 마련해 주면서 수많은 제자를 키워냈다. 그래서 더 객관적일 수 있고, 그래서 더 대학을 혁신할 적임자인지도 모른다.

공대 엔지니어 출신으로 실용성과 창의성을 동시에 추구하는 유 총장의 진면목은 대학가의 조용한 변혁을 시도하는 서강대의 모습에 그대로 드러나 있다. 유 총장이 주도하는 서강의 미래는 구조조정의 길을 잃은 대학가에 새로운 이정표를 제시한다. 유 총장은 관용차 에쿠스를 팔고 카니발을 타고 다닌다. 등록금에 의존하지 않는 대학의 재정자립 추구가 유 총장의 대학혁신 전략의 핵심이다. 서강대는 대학가에서 서강고등학교로 통한다. 그 만큼 공부를 많이 시키는 엄격한 대학으로 유명하다. 유 총장은 이 서강고도 업그레이드시킨다. 재래식 닫힌 공급자 중심의 단일 방향 교육에서 서강대는 양방향 열린교육으로 탈주하고자 한다. 모든 걸 가르치기보다 동기를 부여하고 학생들이 자발적으로 지식을 습득하게 하는 게 그가 추구하는 서강교육의 미래다.

그런 유기풍 총장이 '열린계' 프로젝트를 제안한다. 개인적으로 각별한 사이라서 처음 듣는 얘기가 아니건만, 그 프로젝트 이야기는 들을 때마다 가슴 뛰게 한다. 유 총장의 '열린계' 프로젝트는 작게는 서강대학교에서 크게는 세계 전체에 이르기까지 삶의 실질을 바꾸고 거듭 날 수 있게 하는 활력 넘치는 제안이다. 아무쪼록 유기풍 총장의 '열린계' 프로젝트가 깊게 스미고 널리 퍼져 대학과 국가, 세계를 혁신하고 더 살맛나는 세상을 만드는데 실질적으로 기여할 수 있기를 바란다.

오영호(한국공학한림원장, 서강대 교수)

차례 마음을 열면 혁신이 온다

차례 마음을 열면 혁신이 온다

과학자의 마음과 시인의 마음과 조각가의 마음은 다르지 않다.
그렇기 때문에 감성적이었던 내 꿈들이 사실과 검증이 지배하는 과학이라는
세계에서 지금껏 부서지지 않고 온전히 남을 수 있었다.
내가 하고 싶은 이야기는
시인을 꿈꿨던 사람이 과학자가 되었다고
해서 꿈이 없어진 게 아니라는 것이다.
오히려 보기 드물게도 '시인의 마음을 지닌 과학자'가 되었다.

– 최재천 〈과학자의 서재〉 중에서 –

프롤로그

마음을 열어야 새로운 혁신이 가능하다

–백척간두 진일보百尺竿頭 進一步를 위한 '열린계' 프로젝트를 제안하며

백 자나 되는 장대가 높이 치솟아 있다. 아득하다. 어떤 이는 엄두를 내지도 못하지만, 노력하는 이는 애써 오르고 또 올라 간두에 이른다. 백척간두에 서면 비장한 마음이 든다. 그 동안의 역경이 떠오르기도 하고 그만큼 보람도 높아간다. 자신이 할 수 있는 일을 다 했다는 안도감도 든다. 남다른 노력으로 간두에 오른 사람이라는 희열에 사로잡힐 수도 있다. 그런데 그 희열과 자기만족감에 사로잡히면 자기 안의 나태에 빠질 수도 있다. 더 큰 경지와 깊은 이치를 알지 못할 수도 있다. 그래서 선인들은 거기서 한 걸음 크게 내디딜 것을 권면했다. 백척간두에서 한 걸음 더 나아가면 떨어져 죽을 수도 있지만, 사실은 더 크게 살아난다는 생각이 담겨있다. 간두에서 머물지 않고 새로운 경지를 열어나가는 사람들, 유사 이래 큰 깨달음에 이른 이들이나 큰 창조의 지평을 연 사람들은 그런 모습이었을 게다. 이는 송나라의 도원이 저술한 불교서적인 『경덕전등록景

德傳燈錄』에 담긴 전언이다. 나는 그런 자세를 '열린계Open System'란 용어로 풀어, 이 시대의 청년들과 나누고 싶다. 그들과 더불어 간두에서 크게 한 걸음 내딛기를 소망한다.

열린계라고? 그게 뭔데? 많은 이들이 그렇게 반문할지도 모른다. 열린계는 엔지니어인 필자가 전공한 '열역학Thermodynamics'의 기본 개념 중 하나다. 본론에서 열린계가 무엇이고 그와 대비되는 닫힌계Closed system나 고립된 계Isolated system가 무엇인가를 조금 자세히 다루었지만, 일단 이렇게 생각하기로 하자. 우리가 살아가는 우주는 광활하고 세상은 넓다. 매우 복잡다단하게 얽히고설켜 있다. 그럴 때 어떤 관심의 대상(계)System이 대상의 크기를 규정하는 경계boundary를 통하여 주위 또는 계를 둘러싼 나머지 우주와 무엇이든 자유로이 소통하고 교환할 수 있는 어떤 제약도 없는 계를 열린계라고 생각하면 된다. 그 동안 여러 공학적 연구들을 수행하면서, 이 열린계 논의를 열역학의 좁은 범주를 넘어 일상생활에서부터 전문적인 업무 수행에 이르는 다양한 국면에서 활용할 수 있겠다는 생각을 하게 되었다. 공학적 논리에서 삶의 지혜에 이르기까지, 열린 논의를 확장하고 심화할 수 있겠다는 생각으로 이 책을 열어보기로 했다. 서둘러 말하는 것이 허용된다면, 개인이든 집단이든 열린 자세를 유지할 때 긍정의 진화가 가능하고 때론 혁신이나 그 이상의 변화가 가능하다. 닫혀 있는 계나 닫혀있는 상자속의 마음을 활짝 열어 닫힌 경계를 해체하고, 열린 세상과 자유로이 소통하고 정보를 공유할 때 혁신이 일어나고 새로운 창조의 지평이 역동적으로 열리게 된다.

요즘 여기저기서 통섭이나 창조적 융합이 강조된다. 그 중요성을 모르는 사람은 이제 거의 없으리라. 하지만 어디서 어떻게 통섭하고 융합해야 하는가? 길은 사방으로 열려 있을 터이나, 나는 그 으뜸되는 선결조건으로 열린계 자세를 꼽고 싶다. 유아독존 식의 닫힌 태도가 아니라 자신을 활짝 열어 보이는 자세는 통섭과 융합, 그리고 열린 혁신Open Innovation의 기초체력을 필요로 한다. 열린계 정신없이 통섭과 융합, 열린 혁신을 기대하는 것은 연목구어다. 나는 이 시대 이 땅의 청년들에게 더 큰 세상으로 마음껏 뻗어 나갈 열린 자기 혁신의 기초체력이 넉넉하기를 바란다. 열린계의 시각으로 닫힌 울타리를 넘어 세상을 자유롭게 휘젓고 다녔으면 싶다. 그래서 견고한 전공의 경계를 넘나들고 가로지르며 대중과 열린계를 같이 호흡하기 위해 이 책을 쓴다.

잠시 바쁜 마음을 접고 주변을 살펴보자. 겸허하게 되돌아보자. 백척간두에 오르기를 아예 엄두를 내지 못한 적은 없었는지, 오르다가 곧 중지하지 않았는지, 간두에 올라 거기서 나태의 닫힌 경계를 치고 머물고 있지는 않았는지, 혹은 크게 한 발 내딛을 용기를 내본 적은 있었는지… 우리의 성찰은 개인이나 조직, 대학, 회사 등 다각적으로 이어질 수 있다. 혹시, 대학사회나 지식인 집단이 스스로 쳐 놓은 고립적 학문의 울타리에 갇혀있는 것은 아닌지, 그 고립의 울타리 안에서도 새로운 학문창조를 달성할 수 있는지, 어떤 조직이 이미 이룬 성과에 안주하여 정체의 늪을 자초하고 있지는 않는지 그런 성찰이 필요할 때이다. 고립의 울타리를 넘지 않는 한 열린 혁신은 없다. 닫힌 사람은 스스로의 감옥에 갇히게 마련이다. 닫힌계의 학문은 닫힌 대학을 낳는다. 반면 열린계는 열린 학문, 열린 대학으로 진화한다. 창의성이나 혁신은 애당초 경계라는 게 있을 수 없다. 경계를 넘나드는 지식욕과 창의력이 세상을 바꾼다. 그것이 통섭이고 융합이다. 열린계를 통해 열린 긍정의 세상으로 가는 길이다. 그것이 바로 '열린계' 프로젝트의 시작이다.

인문학을 배제한 자연과학은 무식하고, 과학을 무시하는 인문학은 공허하다. 우리가 왜 과학이나 자연과학을 하는가? 우리가 왜 자동차를 만들며 우리가 왜 반도체에 집중하는가? 모든 과학은 결국 인간의 삶의 질과 관련 있다. 새로운 가치를 발견하여 더 나은 세상을 만들려는 것이 과학이고 학문의 실체다. 인간과 동떨어진 공염불에 가깝다면 학문이라 할 수 없다. 인문학은 무엇인가? 우리 삶의 질을 탐구하는 학문이다. 어떤 마음으로, 어떤 생각과 가치로 이 세상을 살아갈 것인가를 고민하는 학문이 인문학이다. 그런데 그 인문학이 단순히 감수성에만 치우친다고 생각하면 오산이다. 철학을 보라. 이성적 판단의 날을 세운다고 해도 쉽게 이해할 수 없는 학문이 철학이다. 물론 파고들면 파고들수록 재미있는 학문이 철학이다. 나는 철학의 이런 이성적 성격이 자연과학과 유사하다고 본다. 과학의 유전자와 철학의 유전자는 어쩌면 하나가 아닐까? 철학과 과학 사이의 넘나듦, 이것이 바로 열린계의 기반이고 통섭과 융합으로 나아가는 단초다.

산업화 시대에는 잘 훈련 받은 졸업생이 필요했다. 교수가 공급자 주도형으로 잘 가르치고, 학생이 잘 따르는 게 모범이었다. 그러나 21세기에는 맞지 않는다. IT혁명 이후 전 세계에 경계는 사라졌다. 가령 무크M.O.O.C를 보라. 아직 세상에 그 이름을 널리 알리지 못한 소장학자가 가르치는 '정의란 무엇인가'

와 하버드대의 마이클 센델이 유창하게 열강하는 '정의란 무엇인가' 둘 중 어떤 강의가 잘 팔리겠는가. 또 소셜 미디어를 보라. 정보는 시간과 장소를 가리지 않고 언제나 쉽게 열어볼 수 있게 됐다. 20세기 산업화 시대를 지나 21세기 지식 기반 사회에서 미래 교육은 교수인 공급자 중심의 정형화된 교육에서 멘토-멘티나 튜터-튜티의 학생들이 자발적인 자기 주도 교육패턴인 양방향 교육으로 진화될 것이다. 교수가 '원맨쇼' 하면 안되고 학생에 동기를 부여하고 정보를 활용할 수 있는 능력을 키워줘야 한다. 이런 측면에서 서강대는 선도적으로 '진일보'하려 한다. 기존의 교육이 공급자 중심의 단일방향 '1.0'이었다면 이제는 모든 걸 다 가르치기보다 동기를 부여하고 학생 자발적으로 움직이는 양방향 '2.0'으로 크게 한 걸음 내딛으려는 것이다. 고교 시절에 문/이과로 나뉘어 대학 진학 이후에도 학생들이 학업에 힘들어 하는 측면이 있어 이 역시 앞장서 개선하려 하고 있다.

인터넷, 스마트폰 시대에 대학도 닫힌 문을 박차고 나와야 한다. 이제 교육은 닫힌 강의실 안에서만 하는 게 아니다. 세계로 열린 공간에서 열린 교육을 해야 한다. 마음만 먹으면 자기 방 안에서 하버드대의 명강의를 들을 수 있다. 그것이 대학의 열린계다. 취업도 굳이 국내에만 한정할 필요가 없다. 어느 곳이든 사람 사는 세상은 비슷하고, 어느 나라를 가든 할 일은 천지로 널려 있다. 다만 도전하지 않기에 무지한 것이지 한 걸음만 바깥세상으로 '진일보'하면 무한한 가능성의 세계가 열린다. '두드려라! 그러면 열릴 것이다'라는 말은 그냥 허투루 하는 얘기가 아니다. 창의력을 두고 저지르는 사람의 몫이라고 했던가. 열린계 역시 저지르는 사람에게 열린다. 경쟁에 쫓기는 사람은 닫힌계에 갇혀있는 사람이다. 그 경쟁에서 잠시 벗어나 다른 가치를 발견하려는 사람이 열린계 사람이다. 블루오션은 열린계를 여는 초인종일 것이다. 수동적으로 끌려가며 한숨짓는 이 시대 청춘들에게 열린계 정신이 간절히 필요하다. 나는 이 정신을 우리 학생들에게 먼저 심어주고 싶었다. 세상의 혁신은 작은 빈틈에서 시작되었다. 그 틈을 노리는 사람이 많았으면 좋겠다. 그 빈틈으로 들어가 세상의 부조리와 한계를 넘어서는 청춘들이 많았으면 하는 바람이다. 긍정적 진화와 열린 혁신을 위한 '열린계' 프로젝트에 열린 미래를 꿈꾸는 젊은 당신들을 정중히 초대한다.

2016년 1월

유기풍

열린계를 만나는 키워드.1

스티브 잡스

아이작 뉴튼Issac Newton 이후 가장 유명한 사과를 소유한 사람

대한민국은 왜 스티브 잡스를 키우지 못하는가?
우리는 한 가지만 성실하게 전공하고 그 전공 안에 자신을 닫아 놓는다.
그게 나쁜 건 아니지만 지금, 우리 시대에는 분명 맞지 않는다.

스티브 잡스를 보자. 그는 기술과 과학의 영역 안에 갇힌 사람이 아니었다.
픽사를 통해 세계 최초로 3D 애니메이션을 만들었고,
MP3로 음악을 듣는 아이튠스를 선보였다.
이 땅에 스티브 잡스만큼 과학과 예술을 결합한 인물은
거의 없다 해도 과언이 아니다.

스티브 잡스와 같이 일한 과학기술자들은 디자인을 매우 중시한다.
우리나라 과학자라면 그럴 수 있었을까?

뒤에 설명하겠지만, 열린계의 정의는 복잡하고 어렵다.
그러나 그 정의를 만나기 전에 열린계의 정신과 체질을 가진
스티브 잡스를 먼저 떠올려 보라. 영역을 넘나들며
통합하고, 창조하는 르네상스 형 인재가 어떻게 만들어지는지 알 수 있을 것이다.

열린계를 만나는 **키워드.2**

M.O.O.C

세계적으로 2,400여 개의 명문대 강좌 개설

강의를 강의실 안에서만 듣는 사고는 닫힌계다.
생각이 닫혀 있으면 지식은
흐르지 못하고 발전하지 못한다.

이미 필리핀, 인도 등 영어권 국가에서는
무크와의 경쟁에서 밀린 대학들이
존폐의 갈림길에 서 있다.

냉정하게 말하면 한국은 단지 영어권이 아니라는
언어장벽 하나 때문에 버티고 있다.

머지않아 국내 대학이 미국의 세계적인 명문대와
'강의의 질'로 경쟁해야 하는 상황이 다가온다.
그때는 어떻게 하겠는가?
학생도 대학도 열린 강의를 준비해야 한다.

무크는 이 책에서 가장 많이
이야기될 키워드이다.

무크란?

온라인 공개수업(영어: Massive Open Online Course, M.O.O.C)은 웹 서비스를 기반으로 이루어지는 상호 참여적, 거대규모의 교육을 의미한다. 비디오나 유인물, 문제집이 보충 자료가 되는 기존의 수업들과는 달리, 온라인 공개수업은 인터넷 토론 게시판을 중심으로 학생과 교수, 그리고 조교들 사이의 커뮤니티를 만들어 수업을 진행하는 것이 특징이다. 온라인 공개수업은 원격교육이 진화한 형태이다. 인터넷을 이용한 온라인 공개수업을 뜻하는 무크는 2000년대 초반 유럽에서 시작됐으나 2010년경부터 미국에서 급속히 성장했다. 교육전문기업들이 아이비리그로 불리는 세계적 명문대와 손잡고 강의 콘텐츠를 제공하기 시작한 것. 스탠퍼드대, 프린스턴대, 펜실베이니아대, MIT 등 명문대들이 학내 강의를 수많은 인터넷 이용자에게 공개했다. 현재 세계적으로 2,400여 개의 강좌가 개설됐다.

열린계를 만나는 키워드.3

구글

세상에서 가장 창의적인 사람들이 모이는 곳

구글은 검색도구다.
그러나 그 검색이 무서울 정도로
진화하고 있다.

유전자 검사를 통해
내 조상이 어디에 살았는지
알아낼 수 있고
내 몸속에 몽고족 몇%,
한민족 몇%의 피가 섞였는지
알아낼 수 있다.

이런 검색서비스가 '23andMe'다.
이 서비스는 2008년 《타임지》가
올해의 발명품으로 선정하기도 하였다.
내 몸이 10년 후에 어떻게 될지
앞으로는 구글이 친절하게 알려줄 것이다.
구글은 세상의 정보를 모으는 데 만 그치지 않고
우리 몸속의 바이오 정보에 관심을 가질 것이다.

검색은 누구나 한다.
정말 중요한 것은 새로운 정보를 생산하는 것이 아니라
이미 존재하는 정보를 새로운 방식으로 조작하는 것이다.
구글의 열린계는 그것이 가능하다.
당신도 조금만 신경 쓰면 충분히 가능하다.

도대체 열린계가 뭐야?[1]

우주는 광활하다. 그 속의 은하계 역시 광활하며, 그 속의 태양계도 광활하다. 태양계의 행성 중 하나인 지구 또한 그 크기가 엄청나다. 우리 인간은 광활한 우주의 한 점인 지구 상, 극히 작은 한 공간에 한순간 스쳐 가는 미물과 같은 존재에 불과하다. 우주는 시공간의 폭이 무한하다. 그러나 이 모든 존재간의 상호작용이나 현상은 서로 열린 상태로 연결되어 있다. 어떤 제약도 없다.

(1) '열린계'의 정의와 관련한 이 부분은 필자의 저서와 역서에서 이미 다루었던 내용들을 이 책의 체재에 맞게 다시 정리한 것임을 밝힌다.
- 유기풍, 『에너지와 열역학』, 아진출판 2000.
- 유기풍, 『혼합물과 평형물성』, 아진출판 2001.
- I. Stengers & I. Prigogine, 유기풍 옮김, 『혼돈속의 질서』(Order out of Chaos), 민음사, 1998.

물리과학Physical science의 한줄기인 열역학Thermodynamics은 인간이 자연의 어떤 대상과 대화Men's dialogue with nature를 다룬다. 필자의 전공분야는 열역학이다. 여기서 대화란 관찰자Observer의 입장에서 어떤 존재나 현상에 대하여 갖는 인간의 호기심을 과학적 논리로 해답을 얻어가는 과정이다. 인간은 호기심이 많고 궁금한 게 많다. 복잡다단한 어떤 대상이나 제한된 자연현상의 변화(또는 진화)에 대한 호기심을 어떤 방법으로 접근하는가? 여기서 자연이란 우리가 살고 있는 천연적인 자연뿐만 아니라, 인위적으로 이루어진 자연(인간에 의하여 제작된 어떤 장치나 프로세스, 제품을 생산하는 공장, 어떤 집단 등)도 해당한다. 그 인위적인 자연에 호기심을 가질 때 천연적인 자연을 대상으로 할 때처럼 논리적 해답을 찾아갈 수 있다.

관찰자의 입장에서 관심을 갖는 대상은 다양하지만 그것은 서로 열려있는 상태로 연결된 우주의 한 부분일 것이다. 호기심을 갖는 어떤 대상이 시간에 따라 어떻게 진화(또는 변화)되는지를 알아내기 위해서는 이 대상 자체로서의 변화를 포함하여 이 대상을 둘러싼 주위의 것들이 어떻게 서로 교환하는가를 정량적으로 살펴보아야 한다. 이때, 관심을 두는 대상의 영역과 이 영역을 제외한 주위를 구분 짓는 경계를 설정하고 이 대상의 특성이 어떻게 변화하는가를 살펴보아야 한다. 물리과학(예: 열역학)에서는 흔히 주위 세상과 열린 상태로 연결된 대상을 계System로 설정하고, 계system-경계boundary-주위surrounding로 구분한다. 여기서, 계는 한정되는 경계의 특성에 의존된다. 이 방법을 물리과학에서는 계 분석법system analysis으로 정의한다.

계가 경계를 통하여 주위와 무언가를 교환하고 소통하면서 어떻게 진화하는가를 알아내기 위해서는 먼저 경계의 특성을 살펴보아야 한다. 경계의 특성은 대표적으로 다음의 3가지로 구분한다.

첫째, 가장 이상적인 경계의 특성은 고립된 경계Isolated boundary의 경우이다. 고립된 경계는 어떤 방법으로든 계와 주위가 일체의 것들 (물질적이거나 정신적인 것을 망라)을 교환하지 못하는 경계이다. 예를 들면, 주위와 비평형의 상태를 유지하면서 열에너지나 물질, 또는 그 어떤 것이든 서로 자유롭게 교환하던 열려있던 계를 어느 순간 강제로 주위와 고립시켜 버렸다면 계 내부에서 어떤 변화가 일어날까? 그리고 고립시킨 순간, 계 내부의 위치나 영역에 따라 온도나 압력, 또는 어떤 성분의 농도가 서로 다르게 분포되어 있었다고 하자. 흥미로운 사실은 시간이 흐르면서 온도가 높은 곳에서 낮은 곳으로 열이 자발적spontaneously으로 흐르고, 농도가 높은 곳에서 낮은 곳으로 해당 성분이 자발적으로 전달되면서, 결국에는 계에 존재하던 모든 비 균일한 차이들이 완전히 소멸되어 어떤 차이도 없고 어떤 변화도 일어날 수 없는 균일하고 비관적인 상태로 진화되어 버린다는 것이다. 이런 현상은 자연에서 관찰될 수 있는 극히 이상적인 예이며 고전적으로 잘 알려져 있는 자연의 진화 특성이기도 하다.

계 내부에 서로 다른 비 균일한 요인들이 몇 가지 원칙에 따라 변화되는 특성을 나타낸다. 계 내부에서는 자발적으로 Spontaneously 비 균일한 요인(흔히 퍼텐셜로 정의)이 존재할 때 이 차이를 상쇄시키기 위하여 퍼텐셜이 높은 곳에서 낮은 곳으로 플럭스Flux의 흐름이 발생하는데, 이 전달현상은 소위 내부이완과정Internal relaxation process으로 흐름을 유발하는 요인인 퍼텐셜의 차이가 없어질 때까지 이행된다. 이 변화의 또 다른 특성은 퍼텐셜의 유형에 상관없이 퍼텐셜이 소멸하는 방향 Unidirectional으로만 변화된다. 이와 같은 내부이완 과정을 통하여 계는 시간이 흐름에 따라 언젠가는 이퀄리브리엄(평형상태 Equilibrium state)으로 진화된다. 이 평형 상태는 더 이상 일체의 내부이완 과정이 일어나거나, 어떤 변화의 유발인자도 없는 완전한 균일상태, 즉 계속되는 이 존재가 생명체라면 이 상태는 곧 죽음의 상태death state를 의미한다. 따라서 고립된 경계로 에워싼 계 내부의 변화는 항상 비관적인 결과를 낳는다.

이와 같이 고립된 경계란 열려 있는 세상에서는 실제로 존재하지 않은 극히 이상적idealization or abstraction인 경계 조건이다. 다만, 고립된 경계특성은 관심을 두는 계의 특성이 매우 복잡다단하고 관심을 계에 한정할 때나 복잡한 계의 변화 상태를 가장 이상적으로 단순화시켜 관찰할 때 사용한다. 고립된 경계 내부의 계가 시간이 흐르면서 일단 평형상태에 이르게 되면, 계는 어떤 내부 이완과정을 거쳐 평형상태로 진화되었는가를 망각하는 특성이 있으며, 자발적으로 다시 변화 이전의 비평형의 상태로 돌아가는 것은 불가능하다. 이때 일단 평형상태로 진화된 계를 변화 이전의 상태로 돌려놓으려면 엄청난 대가를 지불해야한다. 예를 들면, 산에서 내려가는 과정은 높이퍼텐셜이 소멸되는 방향으로 자연스럽고 자발적인 과정인데, 일단 하산한 후에 다시 정상에 이르려면 엄청난 땀을 지불해야하는 원리라 할 수 있다.

물리과학에서는 이와 같이 고립된 경계로 에워싼 계의 진화특성을 소위 엔트로피 함수Entropy로 설명한다. 고립된 경계 내부에서 어떤 비 균일한 퍼텐셜이 존재하고, 이 퍼텐셜의 차이가 소모되는 방향으로 전달현상Flux이 일어날 때 엔트로피 함수는 항상 증가하는 것으로 설명한다. 내부이완 과정이 이행되면서 계속 증가하는 함수로 약속된 엔트로피 함수는 평형에 이르면 그 계가 지닐 수 있는 가장 큰 값, 즉, 엔트로피 함수가 최대인 상태로, 다시 말하면 평형상태에 도달한 것으로 간주한다. 일단 평형에 이른 계가 다시 초기 비평형의 상태로 진화되려면 계의 엔트로피가 음의 함수로 증가하여야 하는데, 우리가 살고 있는 우주에서 이런 일은 일어나지 않는다.

독일의 물리과학자, 루돌프 클라우지우스Rudolf Clausius는 우주가 고립되어 있다는 가정 하에서 우주의 진화를 엔트로피 함수를 적용하여 다음과 같이 정의한바 있다.

"die entropy im welt strebt maximum zu"

우주의 엔트로피는 최대가 되려 한다

위의 말은 소위 열역학 제 2법칙Second law of Thermodynamics으로,

고립된 계에 대해 역사적으로 정의한 유명한 말이다. 다르게는 엔트로피 최대 원리Entropy maxima principle라 정의하기도 한다. 다만, 이 정의가 옳기 위해서는 우주가 고립되어 있는가에 대한 근본적인 의문이 제기된다. 우주는 고립되어 있기보다는 완전히 열려 있기 때문이다. 따라서 이와 같은 주장은 실제 현상을 극히 이상화하여 정의한 결과이며, 이를 기본으로 하여 고립되지 않은 경계로 에워싼 계에 대한 평가에 새로운 논리적 틀이 필요하게 된다. 닫힌 경계와 열린 경계가 이에 해당한다.

두 번째로, 이와 같은 극히 이상적인 경계조건으로서의 고립경계조건의 경직성을 다소 완화한 경계조건으로 닫힌 경계closed boundary를 생각할 수 있다. 이 닫힌 경계의 특성은 어떤 것이든 물리적인 양은 계와 주위가 교환할 수 있지만 어떤 양을 교환하지 못하는 경우이다. 물리과학에서는 흔히, 이 경계조건은 계와 주위가 물질은 교환하지 못하지만, 특정한 형태의 에너지만은 교환 가능한 경계이다. 예를 들면, 계와 주위에 온도의 차이가 존재하고 경계가 열을 교환할 수 있는 열전도도를 지지한 물질로 이루어진 경우, 온도가 높은 곳에서 낮은 곳으로 열에너지의 유입이 가능하다. 계의 온도가 주위의 온도보다 낮다면 열에너지는 경계를 통하여 계로부터 주위로 흘러나갈 것이다. 또 다른 경우로 경계면에 피스톤-실린더 장치가 장착된 경계라면 계와 주위의 압력의 차이가 있을 때 압력이 높은 곳으로부터 낮은 곳으로 피스톤을 이동시켜 기계적인 에너지의 유입이 가능하다.

가장 대표적인 닫힌 경계로 기계적인 에너지를 교환하는 방법은 교반기Stirrer가 좋은 예이다. 일반적으로, 닫힌 경계 내의 계의 진화 모드는 고립된 경우에 비하여 복잡하지만 크게는 고립된 경계의 경우를 비슷하게 따르는 특성을 갖는다. 고립된 경계 내부의 계의 진화특성을 엔트로피 함수로 설명했다면, 닫힌계에 대해서는 엔트로피 흐름이 아니라 소위 자유에너지 함수 흐름Free energy currency을 도입하여 설명한다. 고립된 계의 진화특성이 엔트로피 최대 원리로 설명하였는데 이와 유사하게 닫힌계의 진화특성은 소위 자유에너지 최소원리Free energy minima principle로 설명한다. 닫힌계 내부에서의 다양한 퍼텐셜의 차이가 소모되는 방향으로 진화가 이행되어 종국에는 평형상태로 진화될 때 자유에너지가 최소화되는 방향으로 이어진다. 이때 자유에너지는 닫힌 경계의 특성에 따라 헬름홀쯔 자유에너지Helmholtz free energy, A=A(T,V,N)와 깁스 자유에너지Gibbs free energy, G=G(T,P,N)의 어느 하나를 채택하여 설명한다.

마지막으로 가장 실제 상황에 부합하는 경계는 열린 경계Open boundary이다. 이 경우는 계System와 주위Surrounding를 열린 경계에 한정 짓지만 관념적인 경계로 실제상황과 같은 경계 특성이라 할 수 있다. 이 열린 경계에 의하여 한정 지어진 계의 진화특성(시간에 따른 변화)을 단순한 논리로 설명할 수 있는 일반화된 과학적 방법은 아직 없다. 열린계의 대상은 너무나 다양하고 모든 경우의 특성을 엔트로피나 자유에너지 등에 전적으로 의존하여 설명하기에는 진화 현상이 너무 복잡하기 때문이다.

이 열린계의 진화는 현대 과학의 매우 중요한 한 분야로 소위 복잡성의 과학Science of complexity의 한 줄기라 할 수 있다. 복잡성의 과학은 비평형 열역학Nonequilibrium thermodynamics으로 발전하고 있는 데, 한마디로 모든 열린계의 유형에 일반화된 이론Generalized evolution theory은 없다는 것이다. 소위 최근 노벨상을 받은 열역학자, 일리야 프리고진Illya Prigogine 학파에서는 열린계가 다른 차원으로 진화하는 모드를 살피면서 계의 상태가 복잡한 요인에 의하여 혼돈의 상태Chaos state로 접근하고, 이 상태에서 계 외부 요인보다는 계 자체 내부에서의 무시할 수 있는 미미한 요인infinitesmal distrubance에 의하여 계가 또 다른 상태로 진화하거나 퇴화한다고 주장한다. 소위, 혼돈을 통한 질서Order out of chaos, 소산 구조를 통한 자기구성Self-Organization through dissipative structure, 또는 소산 구조를 통한 두 갈래 치기Bifurcation 모드로 설명된다. 이 열린계의 진화이론은 그 자체로도 매우 심오하고, 계의 다른 특성에 따라 적용하는 틀이 다르기 때문에 한마디로 열린계의 특성을 쉽사리 말하기는 쉽지 않다. 이것은 실제 현상을 이상화시켜 고립된 경계나 닫힌 경계에서의 비관적인 진화의 끝의 상태(평형상태equilibrium state)로 단정 지을 수 없다는 것이다. 한마디로 열린계의 진화는 긍정적일 수도 있고 비관적일 수도 있다.

다만, 경험을 통하여 또는 인류과학의 발전과정을 통하여 묵시적으로 말할 수 있는 예들은 무한히 많다. 개인이나 집단이나 생명체의 존재들이 고립된 경계나 닫힌 경계보다 열려 있는 경우에 긍정적인 진화가 일어날 확률이 높다. 닫힌 사고, 고립된 사고가 아니라 열린 사고를 해야 하는 이유는 많고 경험적으로도 알 수 있다.

마음을 열면 혁신이 온다

Chapter.1

열린계의 시작

평생에 걸쳐 배우는 자세는
겸손한 태도, 열린 사고, 기꺼이 위험을 감수하는 정신,
남의 말을 경청하는 능력,
정직하게 자신을 반성하는 태도와 직결된다.

– 하버드대 존 코터 교수

마음을 열면 혁신이 온다

너는
닫혀있는가?
열려있는가?

경계의 특성은 자연적일 수도 있고 인위적일 수도 있다.
또한, 시간이 흐름에 따라 그 경계의 특성이 변화될 수도 있다.
자연계에서는 여러 경우 경계가 자연적으로 발생하거나 고정되어 존재하며,
시간에 따라 그 경계의 특성이 불변일 수도 있고,
시간에 따라 그 특성이 변화될 수도 있다.

호기심과 도전이
닫힌 경계를 여는 열쇠

가까운 미래, 지구에 식량 위기가 도래하고 이를 해결하기 위해 지구 밖 우주로 나아가는 이야기가 있다. 2014년도에 우리나라에서 많은 관객을 동원한 ≪인터스텔라≫는 우주라는 광활한 영역으로의 도전을 지구라는 고립된 공간의 위기에서부터 시작한다. 사실, 인터스텔라라는 말조차도 별stella과 별 사이에서 일어나는 일들을 말하는데, 이것은 이 영화가 닫힌 세계가 아닌,

세계와 세계를 연결하는 상상력, 즉 열린 세계에 대한 상상력에서부터 출발하는 작품임을 보여준다.

영화 ≪인터스텔라≫에서와 같이, 과학은 오랜 시간 동안 어떤 '존재identity'나 '계System'가 시간이 흐르면서 긍정적 방향으로 진화해 갈 것인지 아니면 부정적으로 퇴화하여 소멸할 것인지에 대한 고민을 지속해왔다. 자연과학의 한 방법론에서는 계System-경계Boundary-주위Surrounding로 나누어 경계를 통하여 계와 주위가 무엇을 교환하거나 상호작용하는가를 관찰함으로써 계가 어떻게 될 것인지를 추론한다.

여기서 계는 이 광활한 우주 공간 속에서 관심을 두는 제한된 공간을 말하며, 이 계를 에워싼 주위(계를 제외한 나머지 우주)와 경계에 의하여 구분된다. 이로부터 계 안의 문제들이 시간이 따라 어떻게 변화(진화, 또는 퇴화)되는지를 시공간의 특성에 따라 살펴볼 수 있다. 이때 계의 특성에 가장 핵심적으로 영향을 미치는 것은 경계의 특성이다. 경계는 단일 경계일 수도 있고 다중의 경계일 수도 있는데, 계와 주위 사이에 무엇이든 주고받는 교환-정보, 물자, 지식, 전통, 문화 등-에 아무런 제약이 없는 경계는 열린 경계Open boundary라고 부른다. 반면에 계와 주위가 그 무엇도 교환할 수 없는 경계는 고립된 경계Isolated boundary라 하고, 어떤 것은 교환 가능하고 어떤 것은 교환할 수 없는 경계는 닫힌 경계Closed boundary라 할 수 있다.

≪인터스텔라≫ 이야기로 다시 돌아가 보면, 인류는 지구의 황폐화 앞에서 두 가지를 기획한다. 플랜A는 모든 인류를 태울 수 있는 우주선을 개발하는 것. 하지만 그러기 위해서는 인류가 우주선에서 살아갈 수 있도록 '중력'을 조절할 수 있는 기술이 전제되어야 한다. 플랜B는 모든 인류를 이주시킬 수 없을 때, 선택된 인원들이 대량의 수정란을 새 행성으로 옮겨서 인류의 멸종을 막는 것. 결과적으로 영화에서 인류는 불가능한 것처럼 보이던 플랜A를 플랜B의 시도를 통해서 해결해낸다.

우리의 계에 대한 이해를 이 영화를 통해 설명해줄 수 있다면 다음과 같이 말할 수 있다. 지구가 황폐해져 식량 위기에 빠진 인류가 그것을 해결하기 위해 더 이상 우주여행을 꿈꾸지 못할 때, 그들은 고립된 경계 안에 갇혀 있었다. 이후에 그들은 희망을 품고 플랜B를 통해 선택된 인류를 지구 밖으로 보낸다. 여전히 인류의 대다수는 지구에 남아 있지만, 그들이 새로운 가능성을 위해 경계를 넘어섰다는 점에서 닫힌 경계를 벗어났다고 볼 수 있다. 그리고 결과적으로 플랜B를 위한 여정 안에서 중력의 문제는 해결되고 이를 통해 인류는 지구를 벗어나 열린 경계인 우주로 나아간다. ≪인터스텔라≫는 열린 경계에 대한 가능성을 잘 보여주는 영화인 것이다. 영화에서와 같이 지구와 같은 하나의 세계, 즉 하나의 계가 생존하기 위해서는 열린 경계로 나아가야 한다. 이는 영화적인 상상력이 아니라, 과학의 영역 안에서 이루어진 수많은 연구와 검증결과들이 그것을 입증한다.

경계의 특성은 자연적일 수도 있고 인위적일 수도 있다. 또한, 시간의 흐름에 따라 그 경계의 특성이 변화될 수도 있다. 자연계에서는 경계가 자연적으로 발생하거나 고정되어 존재하며, 시간에 따라 그 경계의 특성이 불변일 수도 있고, 그 특성이 변화될 수도 있다. 자연과학이나 공학에서 다루는 계의 유형은 그 대상이 물질이거나 에너지, 또는 엔트로피일 수 있다. 특히 계가 시간에 따라서 어떻게 진화(변화)할 것인가 아니면 퇴화할 것인가에 관심을 두고, 이를 정량적으로 평가하는 일은, 공학적인 계산이 수반되어야 한다. 그런 진화 현상에 대한 논의는 필자의 다른 책(2)에서 이미 다룬 바 있으므로, 여기서는 상

(2) 유기풍, 『에너지와 열역학』, 아진, 2000.

론하지 않기로 한다.

물질이나 에너지 등 비생물적인 것뿐만 아니라 생명력을 지니는 개인, 집단, 국가, 또는 인류 문명의 맥락에 관심을 두고자 할 때, 이 경계를 특정 짓는 것은 대부분 인위적이다. 경계를 인위적으로 열어버릴 수도 있고, 닫아버릴 수도 있고 아예 고립시켜 버릴 수도 있다. 이것은 모든 것이 마음먹기에 달렸다는 말이기도 있다.

지금은 카메라 대부분이 DSLR과 같은 디지털 방식으로 작동하기 때문에, 사진을 찍는 것과 동시에 사진을 확인할 수 있다. 그러나 아날로그 카메라 시절에는 사진을 찍은 후에 필름을 사진관에 맡겨야만 자신이 찍은 이미지를 확인할 수 있었다. 필름을 사진관에 맡긴 후 찾을 때의 설렘이란 기분 좋은 추억이지만, 때로는 사진을 찍을 때의 실수가 고스란히 사진에 담겨 낭패를 볼 때도 많았다. 사진을 찍은 후 바로 사진을 확인할 수 없었기에 순전히 감으로만 찍어야 하는 불편함도 있었다. 그런데 이런 불편함을 먼저 해결해준 것은 지금의 디지털카메라가 아니라 폴라로이드 카메라다. 이 카메라는 사진을 찍는 것과 동시에 특수한 물질을 바른 인화지에 사진이 인화되게 함으로써, 사진을 바로 현장에서 보게끔 해주었다.

에드윈 랜드라는 광학을 다루던 학자는 가족휴가 중에 딸의 질문에 곤란해 했다. 딸의 질문은 아주 단순했는데 "사진을 왜 바로 볼 수 없을까"라는 것이었다. 이에 이 학자는 필름과 사진을 결합한 새로운 종류의 인화지를 생각했다. 이것이 폴라로이드라는 카메라가 탄생하게 된 배경이다. 기존의 필름은 빛과 동시에 이미지 혹은 상像을 받아들이지만, 그것은 외부의 빛에 매우 민감해서 까맣게 칠해진 카메라의 몸체 안에서 조심스럽게 사진관으로 옮겨져야 했다. 그러나 폴라로이드 전용 필름은 그 자체가 사진 인화지의 역할까지 하게 됨에 따라, 받아들인 이미지를 자신의 것으로 만들어 카메라 밖으로 나온다. 필름이 가진 성격에 약간의 변화를 주었더니 기존 사진의 폐쇄적인 메커니즘을 변화시킬 힘을 갖게 된 것이다.

이러한 변화에서, 에드윈이라는 학자가 어린 딸의 호기심을 무시하고 넘어가지 않았다는 것, 즉 그 스스로가 정신적으로 열린 세계를 갖고 있었다는 것이 더 중요한 의미를 가질 것이다. 많은 아버지가 어린아이들의 소란함을 피곤하게 받아들이는 것과는 상반된 태도였다. 열린 세계를 만든다는 것은 때로는 우연한 경우에 일어나기도 하지만 어떤 의지에 따라 필연적으로 일어나기도 한다. 또한, 세계가 열려 있느냐 닫혀 있느냐를 결정짓는 경계의 특성을 고정하는 일은 자율적일 수도 있고 타율적인 강제에 의할 수도 있다. 그렇지만 한 가지 분명한 것은, 계가 진화하거나 발전하기 위해서는 '열린 경계'를 갖고 있는 '열린계'여야 한다는 것이다. 바로 이 점이 필자가 이 책에서 말하고자 하는 주제이다. 이 책에서는 인간이나 문명의 흥망성쇠의 다양한 예를 들어봄으로써, 젊은이들에게 계와 경계가 왜 열려있어야 하는가에 대해서 얘기해주고자 한다. 또 그렇게 되는 과정에 조금이라도 도움이 되었으면 하는 마음이다. 젊은이여, 그대의 계, 그대의 경계를 먼저 열어 보기 바란다.

열린계의 첫걸음,
명문대학이 강의실 밖으로 나오다.

이제는 대학에서 강의하는 교수들이 학생들 스스로 힘겨운 인간 진화에 참여하고, 아울러 창의력을 고양해 나가는 진정한 리더로 성장할 수 있도록 지원해야 한다. 오늘날 IT 정보 혁명으로 우리는 인류 역사를 통하여 가장 광범위하고 광속으로 전파하는 속도의 시대를 살고 있다. 개정이 늦고 구태의연한 최근의 교과서와는 달리, 교과서 바깥세상의 변화 속도는 엄청나게 빠르다. 젊은 학생이든 기성인이 된 교수든 열린 경계를 유

지하며 쉼 없이 경계 밖 세상과 직 · 간접적으로 소통하며 지식을 획득하지 않으면 금세 바보가 되는, 참 살기 힘들고 겁나는 세상이다. 세상의 빠른 변화를 목격하기란 무척 쉬운 일이다. 빅 데이터Big Data와 클라우드 컴퓨팅 세상에 위키피디아Wikipedia가 그렇고 무료 개방된 온라인 강의정보 M.O.O.C.Massive Open Online Course가 그렇다.

이 아이디어는 젊은이들이 대학에서 다양한 전공을 선택해 배워야 할 모든 과목의 강의가 전 세계 최고수준 명교수님들의 강의로 사이버화되는 말 그대로 대학 강의의 혁명이라 할 수 있다. 서울에서 전 세계 어느 명교수님의 강의를 영어 실력만 있다면 실시간 온라인을 통하여 수강할 수 있다. 최근에는 미국 서부에서 시작된 온라인캠퍼스의 인민대학University of the people 역시 급속히 파급되고 있다. 이 인민대학은 전 세계 M.O.O.C 강의를 체계화하여 온라인상에서 필요한 대학의 전문지식을 자발적으로 습득할 수 있는 데, 수강료가 거의 무료 수준인 온라인 대학혁명이다. 이 강의를 잘 활용하면 현재의 오프라인 명문대학의 지식 습득 이상을 자유 선택하여 배울 수 있다.

조만간 구글Google이나 애플Apple과 같은 회사에서 대졸 사원을 뽑을 때 지금까지 오프라인의 특정 대학 졸업장, 전공, 학점 수준 등의 관례를 버리고, 인민대학이나 M.O.O.C 강의 과목에서 회사가 원하는 커리큘럼의 과목을 수강한 젊은이를 우선해 뽑는다고 해보자. 아마도 빠른 속도로 기존의 오프라인 대학들이 폐교되는 대변혁이 올 수도 있다. 우리나라에서도 이제는 특정 학부 과목의 교수 한 사람이 국내 대학 전체의 강의를 담당하는 온라인 과목이 대학에 파급될 수 있다. 교육중심의 2류 대학들이 문을 닫아야 하는 세상이 바로 눈앞에 와 있다. 그런 파격적 패러다임 시프트가 어느 날 마치 SF의 한 장면처럼 현실화될 것이다.

강의실에서 교수님은 내가 너희보다 더 많은 지식을 가지고 있는 사람이니 내 강의에 열중하라면서 강의시간 내내 약장수 약 팔듯이 강의한다. 이렇게 단일방향으로 학생들에게 지식을 쏟아내는 주입식 강의로는 이 시대를 주도할 수가 없다. 젊은 학생의 창의성은 양방향 열린 교육혁명으로부터 시작되어야 한다. 주입식이 아니라 토론이 강조된 강의여야 한다. 학생들로 하여금 자기주도 학습의 동기를 줄 수 있어야 한다. 세상이 급변하여 스마트폰만 있으면 교수의 강의 내용보다 엄청나게 많은 유사 정보를 실시간으로 접할 수 있다. 이런 시대 상황에서는 일방적인 지식을 전달하기보다는 외려 학생들이 왜 이런 과목을 공부해야 하는지 모티브를 살려주고, 학생들 스스로 학문을 습득할 수 있도록 정보의 출처와 정보의 접촉이란 지혜를 가르쳐야 한다.

IT 혁명의 결과, 우리는 인류 역사상 영어English라고 하는 단일 언어言語가 인류를 무자비하게 통일해버린 열린 시대에 살고 있다. 사이버와 버추얼 공간에서 99% 이상의 정보는 모두 영어로 작성되어 있다. 물론 자국의 모국어를 중시하되 영어를 모국어로 하지 않는 나라의 젊은이들이 글로벌 가족의 지적 일원이 되고자 한다면, 이제 일정 수준의 영어 구사능력을 습득하는 일은 무엇보다 급한 과업이다. 마시는 물이나 호흡하는 공기가 살아가는 데 중요하듯 어쩌면 영어가 험한 세상에 다리Bridge over troubled water가 된다는 점을 젊은이들에게 각인시켜 주어야 한다.

예전의 교수법만 고집하는 우리의 기성세대는 닫힌계의 고정관념으로 열린계를 살고 있는 젊은이들의 교육에 쓸모없는 어른이 될지도 모른다. 그 결과 21세기 중대한 문명의 패러다임 시프트에서는 극소수의 엘리트, 영어와 같은 단일 언어, 선진 국가 몇 나라, 몇 개의 국제적 명문대학, 극소수의 글로벌 스탠다드를 만족하는 최고 상품만이 생존하고 나머지 모든 것은 순식간에 폐기될 것이다. 또한 더 이상 개방하지 않고 닫아놓고 싶은 국가 간의 물리적 · 정신적 경계를 무자비하게 허물고 세계를 지배하는 시대가 올지도 모른다. 분명한 건 우리가 참 무서운 세상에 살고 있다는 것이다. 앞으로는 개인의 경계를 닫아서도 안 되며 닫을 수도 없게 되었다. 그렇다면 지금이라도 당장 나부터 닫힌 경계를 과감하게 열어야 하지 않을까.

음펨바 효과,
열린계의 시작은 편견 허물기

열린계에 관한 재밌는 일화가 있다. 흔히 음펨바 효과라고 불리는 과학적 현상은 탄자니아의 고등학생이었던 음펨바에 의해 발견되었다. 음펨바는 수업시간에 아이스크림을 만드는 실험을 하고 있었는데, 아이스크림은 재료를 충분히 섞기 위해서 끓이는 과정이 필요했다. 문제는 아이스크림으로 만들기 위해서는 뜨거워진 재료를 식혀야 하는데, 음펨바는 이를 서두르기 위해 뜨거운 아이스크림 재료를 그대로 냉동실에 넣었다. 그런데 신기한 것은 충분히 식혀서 넣은 다른 아이들보다 자신의 아이스크림이 더 빨리 언 것을 발견한 것이다. 음펨바는 선생님과 친구들에게 이를 얘기했으나 아무도 이야기를 믿지 않았다. 그러던 중 인근 대학의 교수가 학교를 방문하자, 음페바는 이를 알리게 되었고 그 대학교수는 이를 실험으로 증명했다.

사람들은 기존에 통용되던 상식에 갇혀서 종종 새로운 사실을 받아들이는 것을 거부한다. 음펨바 효과라고 명명된 이 현상도, 사실 역사적으로는 이미 알려진 사실이었으나 물과 온도에 관련된 사람들의 선입관이 자연스러운 현상을 받아들이지 못하게 한 것이다. 만약 우리가 음펨바의 친구나 선생님이었다면 그러한 사실을 받아들일 수 있을까?

태양 빛을 전기로 전환하는 태양광 발전은 환경오염이나 자원고갈의 염려가 없는 기술이다. 그러나 뛰어난 기술이라고 하더라도 경제적 효율성에 따라 그 활용도가 결정되는 경우가 많은데, 바로 태양광 발전이 그런 경우이다. 이미 시장을 선점하고 있는 에너지인 화석 연료의 가격이 올라가면, 기존에 개발된 대체 에너지 기술들은 경제성을 따져 활용되게 된다. 태양광 발전은 이런 특수한 경우에 주목을 받는다. 그 이유는 에너지를 모으기 위해서 설비에 투자하는 비용에 비해 결과적으로 얻을 수 있는 에너지의 양이 적기 때문이다. 만약 화석 연료의 가격이 너무 올라가게 된다면, 태양광 발전에 투자하는 비용이 상대적으로 감소하게 된다. 여러모로 효율이 낮은 기술은 그것이 청정 에너지여도 이렇게 경제적 잣대에 눈치를 볼 수밖에 없다.

그런데 이처럼 태양광 발전의 효율이 낮은 것은 지구라는 계의 특수한 조건 때문이다. 지구는 대기권이라는 튼튼한 피부를 갖고 있기 때문에, 상대적으로 지표면에 도달하는 태양빛이 적다. 지구라는 닫힌계가 태양 빛을 적당히 받아들이기 때문에 우리의 일상생활이 가능하지만, 한편으로 태양광 발전의 측면에서 보면 매우 불편한 상황이다. 그러나 지구라는 계 안에서 에너지 발전의 한계를 느끼는 태양광 기술도 지구 밖으로 나가면 그 가치를 인정받을 수 있다. 아직 상용화되지는 않았지만, 오랜 기간 연구되어오고 있는 우주태양광발전소Space Solar Power가 바로 그 기술이다. 이것은 지구 궤도에 인공위성과 같이 발전시설을 올려놓고 태양광 발전을 하는 것인데, 과학적으로 매우 흥미로운 과제로 현재도 꾸준히 연구되고 있다. 지구라는 닫힌계를 조금만 벗어나면 우주와 같은 무경계 공간 속에서, 새로운 가능성을 꿈꿀 수 있다. 이와 같이 우리가 머물고 있는 계 주변의 경계 조건이 어떠한지 한 번쯤 주위를 심각하게 돌아보는 것, 그것이 바로 무경계 공간으로 나아가는 지름길이다.

열역학 제 1법칙에 의하면 에너지의 총량은 보존되지만 '사용 가능한' 에너지의 양은 줄어든다. 우리는 보다 더 편하게 살기 위해서 에너지를 마구 사용한다. 석탄, 석유에너지를 사용하면서 자연은 파괴된다. 에너지의 총량을 보존하기 위해 가용 에너지는 점점 줄어들고, 그와 비례해서 자연은 회복불능의 상태에 빠진다. 지구라는 닫힌계 안에서는 한계에 부딪힐 수밖에 없는 상황이다.

햄버거에 들어가는 소고기를 보자. 그 소고기를 만들기 위해 대량으로 소를 키운다. 그 소를 먹이려고 아마존 밀림이 사라진다. 미국인들은 육식 생활에 길들여져 있다. 소고기가 없으면 안 되는 사람들이다. 그러나 그 패턴을 고집하면 닫힌계에 빠지는 것이다. 그 패턴을 벗어나려는 몸부림이 중요하다. 리프킨은 엔트로피를 주장했다. 인간이 좀 더 안락한 생활을 하고자 자연에 개입하는 행동은 엔트로피의 증가로 나타난다. 리프킨은 세계 인구의 6%도 못 되는 인구가 전 세계의 에너지 1/3을 사용한다고 비판한다. 리프킨은 심지어 엔트로피의 관점에서 태양열 에너지 등의 대체 에너지 개발, 리사이클도 비판한다. 지구라는 닫힌계에서는 대체 에너지 개발과 재생용품의 처리도 모두 엔트로피의 증가를 가져온다. 에너지의 저 사용은 에너지를 많이 사용하지 않는 사람들에게 적용하면 안 된다. 세금도 많이 번 사람이 많이 내듯 에너지도 많이 사용한 사람에게 줄이라고 권고해야 한다. 대량소비의 안락함에 젖어 있는 사람들의 패턴을 바꾸는 게 중요하다. 그들의 에너지 사용 습관을 그대로 두고서는 무경계 공간으로 한 발짝도 나아갈 수 없다.

열린계의 시작은 편견과 상식의 패턴을 뒤집는 데에서 시작해야 한다. 상식이 상식을 가로막고 편견이 또 다른 편견을 끌어들이게 된다. 열린계는 과학에 대한 편견, 자연에 대한 편견을 뒤집어야 제대로 열릴 수 있다.

그래, 가끔 지구 밖에서 지구 안의 나를 보자

중국 당나라의 시인 백거이가 쓴 「대주對酒」라는 시에 이런 구절이 나온다. "달팽이 뿔 위에서 무엇을 싸우는가? 전광석화처럼 짧은 삶이거늘." 우리가 살고 있는 이 지구라는 작은 별은 1,000억 개의 은하를 거느린 은하단에서는 아주 작은 모래알에 불과하다. 그 모래알에서 아등바등 살고 있는 게 우리 인간이다. 열린계 정신을 가지려면 시야를 넓힐 필요가 있다. 시야가 넓어지면 생각도 넓어진다. 지구 하나만 생각하면 지구보다 큰 세계를 바라볼 수 없다. 우리는 경쟁의 바다에 휩쓸려 살다 보니 하늘을 바라볼 틈이 없다. 앞사람 뒤축만 바라보며 시간의 추격에 힘들어한다. 시간과 공간의 닫힌계에서 빠져나올 수는 없을까? 몸이 그렇게 안 된다면 마음만이라도 시도해보는 게 좋지 않을까?

우리가 속해있는 우주 공간에서 우리 개인이나 집단(국가, 또는 지구가족)을 계로 삼고자 할 때, 계를 제외한 나머지 우주라 할 수 있는 주위는 과연 얼마나 큰 것인지 잠시 생각해 보

자. 현대과학에서도 정확하게 우주의 크기가 얼마나 무한하고 광활하게 큰지를 정확히 모른다. 상당 부분 과학적 상상과 추론에 의존하고 있다. 그것은 인간 상상력의 경계가 어디까지인지 알 수 없고 동시에 실험적으로 이 우주의 크기를 규명하기가 쉽지 않기 때문이다.

그렇다면, 우주란 계를 어떻게 보아야 할까? 그 경계는 무한히 열린 우주일까, 닫히고 고립된 우주일까? 이에 대한 논의는 나중으로 미루고 개략 그 크기를 짐작해 보자. 아마도 우주라는 공간은 무한하게 클 것이라 할 때, 이 무한한 우주 공간에서 작은 모래알 크기만 한 한 점의 공간을 우리 태양계가 속해있는 은하계 공간이라 한다면, 이 은하계 공간에서 티끌만한 공간을 태양계, 그 태양계 공간 속에서 먼지만 한 아주 작은 점의 공간을 지구의 크기라 해도 좋을 것이다. 이 지구의 아주 작은 한 점인 한반도의 어느 점(계)에서 우리는 인간이란 동물로 태어나 그야말로 너무나 짧은 순간을 스쳐지나가 생명을 마감한다. 어찌 생각하면 한 인간의 일생이 별것도 아닌데 우린 이렇게 아옹다옹하며 살고 있는 것이다. 천 년 전 백거이 시인은 이걸 알고 술 한 잔 마시며 시로 토해내었나 보다.

계를 특정지은 공간의 시간적 측면에 대하여 생각해보자. 시간이란 존재하는 것일까? 이 우주는 언제 누가 창조해낸 것인가? 무엇으로부터 시작해 수 억겁 동안 진화되어 오늘에 이른 것일까? 우주가 존재한 지 얼마나 긴 시간이 지났을까? 우리가 상상할 수 있는 시간은 얼마나 장구한 걸까? 누구도 이 질문에 명쾌하게 답을 할 수 없을 정도로 긴 것만은 확실하다. 이런 광활한 공간과 장구한 시간의 연속성 속에서 우리와 문명의 오르내림, 그리고 우리 개인의 인생이라는 계의 특성을 어떻게 인위적으로 정의해가며 살아야 할지 생각해 볼 필요가 있다.

밤하늘의 별을 바라본다. 그 별은 지금의 별이 아니라 이미 사라진 과거의 별이다. 적어도 500년, 1000년 전의 별을 우리가 바라보고 있다. 그 사실 자체가 참 신기한 현상이다. 그걸 신기하다고 생각하는 순간이 열린계를 만나는 순간일 수도 있다. 조감이라는 말이 있다. 새의 눈으로 바라본다는 뜻이다. 밑에서 바라보면 더 큰 세계가 보이지 않는다. 위에서 내려 보면 우리가 모르는 세계가 보인다. 관점을 바꿀 필요가 있다. 관점을 바꾸어야 새로운 세계가 보인다.

기가 막힌다고?
그게 닫힌계였지

생명체로서 살아있는 인간을 생각해보자. 인간을 계로 놓고 나머지 공간을 주위라고 할 때, 경계가 열려있다면, 생존을 위하여 경계 주위로부터 제공되는 음식과 물을 섭취하고, 동시에 대소변, 땀과 같은 것들을 배출시켜야 한다. 또한, 진화된 동물로서 품위를 지키기 위하여 의복과 잠을 자야하는 집이 경계를 통해 제공된다. 물론, 생활하면서 발생하는 폐기물도 배설물처럼 부지런히 이 경계를 통하여 주위로 배출되어야 한다. 또한, 인간으로서의 품격을 쌓기 위해 교육으로 쉼 없이 지식을 섭취하고, 이 지식을 자기화한 후에, 이것을 소통의 형식을 빌려 다른 대상에게 전해주어야 한다. 우리는 이렇게 온갖 오욕칠정에 해당하는 것들을 경계를 통하여 교환한다.

그런데 만일 인간을 주위로부터 구분 짓는 경계의 특성이 주위와 어떤 것도 교환할 수 없는 고립된 경계로 둘러져 있다고 가정하면, 인간이란 계는 자발적으로 곧 죽음에 이르는 이퀄리브리엄 상태로 진화될 것이다. 이 평형의 상태란 계가 고립된 경계에 의하여 주위(외부 세상)와 격리된 상태에 놓일 때, 계 내부에서 어떤 성질이든 계 내의 모든 하위 공간(영역)에서 동일해지며 시간에 따라 동일해진 상태가 더 이상 변화되지 않는 상태를 말한다.

계의 특성이 한 인간을 살릴 수도 있고 죽음에 이르게 할 수도 있다. 또, 의식주의 일체를 주위와 자유롭게 교환하는 보통 사람의 경우를 생각해 보자. 성격의 측면에서 정신적으로 열려있는 사람과 닫혀있는 사람 중 어느 사람이 더불어 사는 세상에서 사회성이 높은지를 쉽게 알 수 있을 것이다. 자살이란 극단적인 방법으로 죽음을 선택하는 대부분의 사람이 극히 폐쇄적 성격의 소유자들이란 점도 쉽게 알 수 있다. 세상을 지배하는 사람들의 성격은 개방적이다. 그 연유를 짐작할 수 있는 대목이 바로 계의 경계특성이다.

현대 물리학에서는 태초에 물질Matter이 있고 이와 동등한 양의 반물질Antimatter이 있었는데, 우주 진화 프로세스의 어느 극도로 불안한 시간 상황 하의 자기조직화self-organization진화 순간에 우주에 물질은 존재하고 반물질이 갑자기 자취를 감추게 되었다고 한다. 이를 우주 생성의 대칭성 파괴 사건이라고 말하기도 한다.

그런데 이와 유사한 동양적 사고가 미리부터 존재했었다. 흔히 황당한 상황에 접할 때 '기氣가 막힌다'라고 말한다. 우리 선현들의 지혜가 담긴 말씀이다. 선부른 논리의 비약일 수 있지만, 필자는 물질–반물질의 대칭성과 마찬가지로 생명체가 활력을 유지하는 요체인 혈액Blood, 血液에 상응하는 반혈액Antiblood이란 이원론 개념으로 동양의 의학에서는 기氣에 주목해 왔다고 생각한다. 이원론적인 존재와 더불어 인체가 생명을 유지하는 데는 혈액의 순환과 더불어 반혈액 순환에 상응하는 기氣의 순환을 중시하면서 동양의학이 발전해 왔다고 볼 수 있다.

혈액은 인체 내의 혈관이라는 매우 복잡하지만 잘 연결된 파이프라인을 순환하며, 동시에 기氣가 순환되어야 건강을 유지할 수 있다고 여긴다. 기가 막히는 시간이 길어지면 사람은 혈관 내 혈액의 순환이 막혀버리는 것과 같이 죽음에 이르게 된다고 믿어왔다. 그렇다면 침이든 뜸이든 여하한 방법으로 막힌 기를 뚫어야 하지 않겠는가? 이 역시 인체 내 각 하위계가 열려 있어야 살 수 있음을 시사하는 것이 아니겠는가?

일본영화 〈신의 퍼즐〉에 이런 대사가 나온다. "찬 손으로 마음까지 찌들어서 이제 마지막이 되었지만, 세계, 인간, 만물을 본다는 것은 다시 말해 학문적 분석과 예술적 직관이라는 한 쌍을 이루는 표리일체(겉과 속의 일치) 인식 자체와 다시 한 쌍이 되는 것이 있을지도 모른다. 그건 계속 걸어간다는 것, 한마디로 말하면 '의지'라는 것, 인간이 세계를 이해할 수 있다는 것도 불가사의한 것이지만 '무'에서 태어난 것이 의지를 가지고 말았다는 것도 역시 불가사의한 것이다." 이처럼 불가사의한 것 투성이가 우리 인생이지만, 그것들 사이에도 흐름이 있다. 그 흐름을 파악하는 것이 열린계다. 우주생성의 방법을 파헤치다 보면 그 열린계가 보인다.

배움은 역자연적 진화Reverse evolution 과정

우리의 신체를 떠나서 일상생활에서 경험하는 단순한 진화의 예를 설명하기 위해, 닫혀있고 공간이 협소한 교실에서 수십 명의 학생이 수업을 듣는 상황을 가정해보자. 문제를 단순화하기 위하여 교실의 경계는 고립경계로 주위와 열이나 공기 등을 교환하지 않는 계라 하고, 수업을 받는 75분 동안 교실 내에 있는 학생과 교수가 호흡하는데 충분한 양의 공기가 교실 안에 있다고 가정하자. 이제 이 강의실이라고 하는 계는 고립된 계(어느 면에서는 닫힌계에 가깝지만)로 간주할 수 있다.

그런데 어느 순간, 강의하던 교수님이 강의 도중 자연스러운 생리현상으로 방귀를 뀌었다. 방귀의 주성분은 암모니아NH_3와 메탄CH_4가스, 그리고 악취를 내는 성분들로 이루어져 있다. 교수님이 방귀를 뀌기 전 교실 안은 공기(약 70%의 산소와 30%의 질소로 이루어져 있다고 가정한다.)와 여기에 교실에 있는 사람들이 숨을 쉬면서 호흡(실제로 호흡을 통하여 공기를 흡입한 후 산소는 핏속의 헤모글로빈과 접촉하여 그 일부가 혈액 속으로 흡수되고, 인체의 신진대사metabolism로부터 나오는 혈액내의 미량의 이산화탄소와 호흡된 질소는 다시 몸 밖으로 배출된다.)을 통해 인체 밖으로 배출되는 미량의 이산화탄소, 즉 O_2, N_2, 그리고 CO_2로 이루어져 있을 것이고, 이 기체 성분들이 교실 전체에 대체로 균일하게 분포되어 있을 것이다. 교실이란 공간의 교단에 있는 교수님이 방귀를 뀌어 몸 밖으로 방귀의 화학성분들이 퍼지기 시작하는 때를 생각하자. 시간이 흐르면서 방귀 성분은 누가 시키지 않아도 농도가 높은 교단으로부터 농도가 낮은 교실 전체로 저절로 퍼져나간다.

이런 현상을 물리과학에서는 자발적 확산 진화Spontaneous dispersive evolution라고 하는데, 자연에서는 두 공간 사이에 특정 성분의 농도 차이가 존재하면 자연스럽게 농도가 짙은 영역에서 농도가 옅은 공간으로 저절로 퍼져 나간다. 이 확산의 속도는 두 영역의 농도 차에 비례한다. 농도의 차이가 크면 빠르게 퍼져나가고 농도의 차이가 작으면 느리게 퍼져나가는 게 자연에서의 진화특성이다. 그러므로 교수님이 방출한 방귀 성분은 자발적으로 그 성분의 농도가 높은 교수님이 있는 공간으로부터 농도가 옅은 전체 공간으로 퍼져 나가 학생들이 그 냄새를 맡게 되므로, 교수님이 방귀를 뀐 사실을 냄새를 통해 알 수 있게 된다.

아마도, 교수님이 방귀를 안 뀐척하더라도 학생들은 수군대고 웃으며, '저희는 조금 전 교수님이 한 일을 잘 알고 있습니다.' 할 것이다. 그렇다면, 학생들이 냄새를 맡으면서 계속 시간이 흐르면 방귀의 성분은 교실 공간의 모든 곳에서 방귀성분의 농도가 같아질 때까지 펴짐 현상이 일어날 것이며, 전체 공간에 성분이 균일해지면서 퍼져나가는 진화는 곧 멈추게 될 것이다. 더 이상 퍼짐의 현상이 일어나지 않고 시간에 따라 전체 교실 내에 방귀 성분의 농도차이가 전혀 없어져 균일한 농도로 퍼져 머물게 되는 상태를 흔히, 물리과학에서는 이퀼리브리엄 상태Equilibrium state (평형상태)라고 한다. 그러므로 방귀 농도를 변수로 이런 분자확산의 진화특성을 해석한다면 교실 내의 실내온도(T, 25도라 하자)와 실내압력(P, 대략 대기압)이 일정하다고 할 때, 방귀를 뀐 순간 농도의 비평형상태에서, 농도가 높은 공간에서 낮은 공간으로 저절로(자발적으로) 진화되어 이퀼리브리엄 상태에 이르게 된다. 일단, 이 평형상태에 이르게 되면, 그 계는 진화된 역사를 완전히 망각하게 되며, 엄청난 대가를 치르지 않는 한 다시 방귀를 뀐 바로 그 과거의 비평형 상태로 절대 돌아가지 않는다. 또한, 이 평형의 상태는 시간 불변의 상태로, 변화를 유인할 수 있는 퍼텐셜이 높은 곳으로부터 낮은 곳으로 진화하는 단일방향적인 특징이 있으니 어쩌면 자연에서의 진화현상은 낙관적이 아니라 비관적이라 할 수 있다.

대학생활에서 강의를 통해 지식을 습득하는 배움의 프로세스Process란 무엇인가? 우선 자연현상의 측면에서 배움을 통한 젊은이의 학문적 진화 프로세스란 무엇인가? 만일 설정하는 계의 경계를 고립된 경계(닫힌 경계도 대체로 같이 적용된다.)로 간주할 때, 그 계 속에서 젊은 한 인간의 학문적 진화방향은 자연의 진화방향을 거슬러 가는 반대 방향이다. 자연에서의 열에너지는 온도퍼텐셜이 높은 곳에서 낮은 곳으로, 물질은 농도퍼텐셜이 높은 곳에서 낮은 곳으로 흘러 자발적인 단일방향으로만 진화된다.

생물체는 이런 자연적인 진화의 방향에 비례하여 노화하고 죽어간다. 그러므로 인간의 자연스러운 진화방향 측면에서 젊은이가 놀지 않고 학업에 충실한다는 것은 자연스러운 진화의 방향이 아니다. 젊음이란 하기 싫은 학업에 열중하기보다는 노는 게 좋고, 따뜻하고 배부르고 고민이 없으면 졸고 싶고, 무위도식하고 싶은 게 인지상정이다. 인간이 자연의 일부라 할 때 자연스러운 진화방향은 졸음이 오면 자고, 배고프면 먹고 마시는 방향이 맞다.

그런데 인간이 이 세상에 태어나 나이 들어가면서 품위 있게 살고자 하는 인간적 진화의 방향은 자연의 진화방향과 정반대다. 명심해야 할 일은 일단 자연의 진화에 순응하여 무위도식하는 이퀼리브리엄의 상태에 도달하면, 절대로 자발적으로는 원래의 상태로 돌아갈 수 없으며 돌아가기 위해서는 엄청난 대가를 지불해야 한다. 한번 놀아 버려 실력이 부실해진 후 다시 실력을 뒤늦게 쌓기란 바늘구멍으로 낙타가 들어가야 하는 것과 같음이다. 공부도 때가 있다는 것이다.

옛 성현의 말씀 '少年以老 學難成소년이로 학난성', 즉 젊은이가 늙기는 쉬우나 학문을 이루기 어렵다는 이 말은 인간의 진화 특성을 명쾌하게 말해준다. 한 젊은이가 자신의 지식습득을 위하여 졸음도 참아가며, 놀자는 친구의 유혹도 뿌리친다. 때로는 데이트하자는 이성친구의 유혹도 절제하고, 하기 싫은 학문에 정진하며 자연스럽게 노화되어 간다.이렇게 생명을 마감하여 이퀼리브리엄의 상태로 다가가는 것, 이렇게 진화현상의 속도를 늦춰가는 일이 참 고단한 젊음의 여정이고 젊음의 진화특성이다.

동기생과 같이 입학하여 어떤 과목을 함께 수강할 때, 초기 개인별 학생의 기초지식의 높낮이나, 학문에 정진하고자 하는 기질과 의욕, 젊은이로서의 호연지기와 예절은 매우 다양하고 다르며 편차가 크기 마련이다. 그러나 이들 수강생을 등 따뜻하고 배부르게 하며 교수님의 강의를 열심히 듣지 않았는데도 학점이나 잘 준다면, 한 학기가 지난 후 이 수강생 집단의 진화는 '자연 진화에 대비되는 인간집단의 진화'가 아니라 '자연 진화' 프로세스가 이어져 수강생 전체의 해당 과목 실력이 하향 평준화되는 방향으로 진화된다. 이렇게 되면 대학을 다닐 이유가 없어진다.

그러므로 교수는 학생들의 자연스러운 진화 프로세스를 방지하여, 등 따뜻하고 배부른 진화방향의 정반대 방향으로 이르게 하도록 마땅히 열정을 가지고 강의해야한다. 물론 이를 위해서는 출결석의 철저확인, 잦은 숙제와 시험, 토론준비 등을 통하여 학생들을 배고프고 춥게 만들고, 어느 면에서는 못살게 굴어, 학생의 지식상태를 이퀼리브리엄 상태로부터 멀리 떨어진 철저한 비평형의 상태(공부 잘하는 학생이 더 잘하도록)의 긴장감을 의도적으로 유지해 주어야 한다. 필자는 조교수 시절, '나는 하늘텬해도 당신들은 하늘천天해야 한다'며 한 학기 내내 잔인할 정도로 학생들을 못살게 굴며 숙제, 시험, 프로젝트를 열심히 진행시켰다. 그리고 이를 못하면 운동장도 돌리고, 푸쉬업도 시켜가며 들볶았던 이유가 바로 여기에 있다. 다행이 나를 원수처럼 생각하던 당시의 학생들이 졸업후 사회생활을 하면서 지금은 오히려 내게 고마워하는 제자들이 많다는 것에 위안을 삼는다. 맞다. 배움의 프로세스는 이처럼 힘들고 고난스런 역자연적 진화Reverse evolution 과정이라 할 수 있다.

대학의 닫힌 경계를 허물어야 명문대가 될 수 있다.

대한민국의 대학은 수십 년 동안 정체되고 닫혀 있었다. 그래서 전 세계적인 변화 앞에서 벼랑 끝으로 몰린 느낌이다. 과연 우리의 대학은 경계 밖으로 떨어질 것인가? 경계 안으로 들어와 체질을 강화할 것인가? 이런 화두를 해결하는 것도 결국은 열린계이다.

우리의 대학들이 자국 내의 경쟁은 물론 국제적인 대학들과 무한 경쟁에서 살아남거나 그 이상으로 진화하려면 그 경계의 조건은 어떠해야 할까? 무엇보다 대학의 경계인 물리적 울타리를 없애고 철저하게 열린계를 지향해야 한다. 신입생, 우수한 교수진, 프로젝트, 전 세계 교육의 정보, 교육에 필요한 재원과 각종 물자, 실험과 시청각 기자재, 전기, 물, 에너지, 방문학자visiting scholar와 연구원 등은 끊임없이 유입되어야 한다. 학부와 대학원 석 · 박사 학위 졸업생은 오래 머물지 말고 제때 학교 경계 밖으로 내보내야 한다. 폐기물, 연구결과, 학문정보도 계속해 경계 밖으로 나가야 한다. 교수는 연구실에만 안주할 것이 아니라 학교 밖 넓은 세상과 학문적으로 교류하고, 적극적인 출장을 통해 밖의 정보를 열심히 끌어들여야 한다. 물론 교육과 연구에 소홀한 교수진도, 공부 안하는 학생도 언제든 퇴출되는 시스템이 있어야 한다. 그러는 가운데 경계 내의 계는 항상 일정수준의 긴장 속에 비평형의 상태를 유지시켜야 한다. 본업에 충실한 교수와 직원이 재정적으로도 더 대접을 받아야 하고, 그렇지 못한 이들은 못한 것에 상응하는 응징 시스템을 가동해야 한다. 대학이 명문이 되는 일은 원론적으로는 어려운 일이 아니다. 다만 대학을 경영하는 이사회와 총장 등이 보직교수에 대한 열린 자세와 학생들을 긴장 속의 비평형 상태로 유지시키고자 하는 의지가 관건이다.

국가의 대학정책을 보면, 우리나라의 경우는 대학이 국가 발전을 견인하는 지식생산이 지극히 비효율적인 나라다. 나는 얼마 전에 미국의 명문 프린스턴대학 법인 이사회의 이사 한 분을 만나 대화한 적이 있다. 그 대학은 학생 선발, 정원 조정, 학과 설치나 폐과, 등록금 책정, 대학행정 등 모든 면에서 주정부나 국가의 간섭이 일체 없다고 한다. 그 대학은 철저하게 자율적으로 경영하며 교육시장의 원리에 맡겨 놓는다. 참으로 부러운 타산지석이다. 미국이 전 세계에서 가장 교육경쟁력이 높고, 동시에 천문학적 교육 수입과 동시에 전 세계 젊은이들의 유학으로 그 나라가 필요로 하는 인재를 조달하는 것을 보면 과연 우리는 지금 무엇을 하며 우리의 대학들은 어디로 가고 있는지 그저 한심하고 불쾌할 뿐이다.

미국과 비교해 우리나라 교육부의 대학제도나 법은 처음부터 끝까지 후진적 규제 일변도에 머물고 있다. 신입생 모집, 등록금 정책, 정원조정 등 모든 것이 철저한 국가 통제를 받는 경직된 경계 속에 머물고 있다. 계의 경계가 경직된 닫힌계의 진화방향은 항상 비관적이다. 이제 우리나라도 경제선진국 반열을 향하여 나아가고 있고 기업의 수준도 국제 경쟁력을 갖추고 있는데, 학생들의 수준은 각종 국가 통제와 규제를 받는 대학경영의 한계 속에서 기업이 원하는 수준에 크게 미치지 못한다. 우리나라 대학정책은 이미 20여 년 전에 개혁되었어야 하는데, 그러지 못했고 지금은 거의 사경을 헤매고 있다. 우리나라 사학은 언제까지 고통 속에 머물러 있어야 할까? 이제 정부는 하루라도 빨리 사학운영에 광범위하고 혁신적인 자율부여를 해주어야 한다. 무엇이 교육개혁을 막고 있고 순환해야할 기氣를 막히게 하는가? 누가 문제인가? 국가수반인가, 장관인가, 교육공무원인가? 고시 공무원의 권력인가? 면밀한 검토와 대책 마련이 시급하다.

흥선대원군의 조선은 그야말로 닫힌계 국가였다

이 책에서 다룰 인류 문명의 오르내림에서 알 수 있듯이, 기원전부터 지난 16세기까지 수천 년간 중국의 과학기술 수준(예: 종이, 인쇄술, 나침판, 화약 발명)은 서양의 그것에 훨씬 앞서 있었다. 그런데 이상하게도 17세기 인류의 '과학혁명Scientific revolution'과 '산업혁명Industrial revolution'은 화려한 과학기술의 진보를 이끌어왔던 중국이 아니라, 이런 중국 과학기술의 정보를 습득해 발전시킨 유럽에서 시작되었다. 지난 300년 이상 서양이 근세 인류문명(군사력, 경제력, 과학기술, 인문철학 등)을 지배하게 된 연유는 무엇일까?

중국中國은 오랜 역사를 통하여 서양과 그 밖의 어떤 국가들과 비교하여 그야말로 땅덩이가 큰 나라였다. 또한, 그들은 지구, 인간, 그리고 문명의 중심이라는 중화사상中華思想에 젖어 있었다. 나라 크기가 너무나 크고 인류 문명이 발달하지 못했던 17세기 이전까지만 해도, 중국의 경계는 닫힌 경계인지 열린 경계인지가 별로 문제가 되지 않고 중국인에게는 관심 밖의 영역이었다. 그들 자신이 세상의 중심이므로 다른 문명에 관심을 가질 이유가 없었다. 중국의 역사는 닫힌 경계 밖을 나아가 다른 문명권과 소통을 해야 할 절실함도 없이 흘러왔다. 중국인으로 중국에 정체되어 살아도 다른 문명권의 사람들이 열심히 중국에 들어와 문명을 소개하고, 중국의 여러 제왕 밑에서 열심히 부역을 해왔기 때문이다.

그 결과 17세기 이후에도 중국은 세계 문명의 중심국이라는 착각 하에 경계 밖의 다른 문명과의 교류나 소통에 무관심해져 갔다. 공맹사상과 관료적 사고방식에 젖어 버린 것이다. 현대사회로 접어들면서 국력의 기초가 과학기술이 되었다. 칼, 창 방패, 마차의 전쟁에서 총, 대포, 전차의 전쟁으로 그 양상이 바뀌어 가고 그 변화를 서양이 주도하고 지배했다. 서양의 과학혁명이 서양의 산업혁명을 견인하고 식량증산, 의학, 농업기술, 의식주 혁명 모든 면에서 서양이 지배하는 17세기부터 20세기에 이르기까지 중국이 수난을 겪은 가장 큰 이유는 중국이라는 나라의 경계 특성을 닫힌계로 방치한 점이다. 이건 자업자득이다. 물론 최근의 사회주의 통치체제(경제체제는 사실상 자본주의화)하에서 중국의 발전 속도는 비약적으로 발전했지만, 앞으로 중국의 미래가 어떻게 진화될지는 아무도 모른다.

문명의 오르내림을 심하게 경험한 중국의 국민소득이 수 만 불 수준이 되고 사회주의 통치체제의 변화가 도래할 때 중국의 미래는 누구도 낙관할 수 없다. 분명한 건 한 나라가 발전하려면 그 경계부터 먼저 열고 열심히 다른 문명과 교류하고 소통하면서 자국의 문명을 보편화해 발전시켜야 한다는 것이다.

조선은 어떠했는가? 간혹 아라비아 상인이 오고 갔던 열린계의 시기도 있었다. 서양문명은 계속 조선의 문을 두드렸다. 그러나 두려움 때문이었는지 조선의 문은 활짝 열린 적이 없었다. 급기야는 흥선대원군 시절, 문을 더 단단하게 걸어 잠그는 쇄국정책 시대로 접어든다. 이 쇄국정책이 바로 닫힌계를 의미한다. 이웃 일본은 어떠한가? 섬나라 일본은 우리보다 훨씬 전인 100년 전부터 경계를 활짝 열고 서구 열강의 진화된 문물을 열심히 받아들였다. 그 결과 조선은 일본에게 추월당해 임진왜란의 국치로부터 일제 강점 수십 년의 국가적 치욕을 겪은 일은 다시 거론할 필요조차 없다. 지금도 섬나라 일본은 독도 문제, 야스쿠니 신사 참배, 위안부 강제동원문제 등에 우리의 심기를 불편하게 하는데 그렇다면 일본의 정치인들은 바보인가? 아마도 우리의 국력에 비하여 자기들 국력의 위력을 믿고 있어 그런 경거망동이 계속되는 것은 아닌가? 그렇다고 선진대국 일본을 대하는 우리의 물리적 정신적 경계를 닫을 수 있는 일인가? 아니다. 슬기롭게 경계를 열어두고, 우리의 지혜를 쌓아가며 대처하는 방법 이외에 다른 대안은 없는 거 같다.

같은 맥락에서 북한의 물리적 그리고 정신적 경계는 철저하게 고립된 경계를 유지하려 한다. 그 결과 반세기 만에 북한의 경제력이 추락하였고 그 속에 사는 우리의 민족 일부가 상상할 수 없는 고난 속에 살고 있다. 북한의 정치인이 정신을 차려 경계의 고립성을 철폐하고 경계를 열어야 북한의 미래가 밝아질 수 있다. 북한의 문제는 우리에게 남의 문제가 아니다. 국가 간의 경계가 무너지는 21세기에 자국의 경계를 열어야하는 일은 선택의 문제가 아니라 필수적인 진화의 경계조건이다. 역사적으로 보아 폐쇄적인 경계를 유지한 집단이나 나라가 흥한 적은 없기 때문이다.

융합, 통섭, 열린 혁신 전에 필요한 기초체력이 열린계

요즘 과학자들은 참 힘든 시대를 살아가고 있는 듯하다. 과학에 대한 탐구만으로도 벅찬데 과학의 영역을 빠져나와 인문학과 역사철학도 알아야 한다. 통섭, 융합이라는 말이 사방에서 포위하고 있으니 이 대세를 거스르기도 힘들다. 그러나 나는 이 대세가 즐겁다. 학문은 하나만 해서는 안 된다. 태초부터 인문학만 따로, 물리학만 따로 있었던 것은 아니다. 지금이야 전공이 세분되어 있지만, 오히려 옛날에는 학문 간의 경계가 느슨했다. 그 시절의 학문이 더 순수하고 깊이가 있었다. 서로 넘나드는 것이 자유로우니 사고의 폭도 넓다. 모든 학문은 인류를 위해 필요하다. 물리학은 물리학만을 위해 존재하는 게 아니다. 우리 인류의 발전에 기여하려면 다른 학문과 손을 잡고 같이 걸어가야 한다. 학문의 열린계는 바로 그런 정신에서부터 출발해야 한다.

노벨 물리학상을 받은 유카와 하데키 박사는 자신이 노벨상을 받게 된 이유에 대해 '이백'과 '장자'와 관련이 있다고 말한다. 집안 환경으로 인해 어려서부터 사서四書 등의 동양 고전과 함께 당나라 시를 즐겨 읽고는 했는데, 우연히 이러한 시들 속에서 노벨 물리학상을 받게 된 중간자 원리에 대한 아이디어가 떠올랐다는 것이다. 유카와 하데키 박사의 이런 집안 분위기가 아니었다면 과학자로서의 발전은 없었을 것이다. 앞에서 언급한 당나라 시인 백거이를 보자. 마치 그 시인은 우주를 보고 온 듯한 자세다. 그럴 리 없겠지만, 그 시대에 우주선을 타고 지구 밖으로 나가 모래알 같은 지구를 보며 그 시를 쓴 것 같다. 달팽이 뿔 위에서의 다투는 보잘것없는 인간사를 그렇게 명쾌하게 표현할 걸 보면 백거이는 혹시 천체물리학자 아니였을까 의심할 정도다.

최근 학계뿐만 아니라 사회 전반에 융합의 바람이 불면서, 단순히 한 쪽의 지식을 다루는 사람을 높이 평가하는 풍토는 사라지고 있다. 이제는 융합이 하나의 경쟁이자 필수조건으로서 영향력을 발휘하고 있다. 스티브 잡스와 같이 비교적 유명한 인물에서부터, 유카와 하데키와 같은 물리학자까지 서로 다른 경계를 넘어서서 그 능력을 발휘한 사람들의 예는 너무나도 많다. 한 가지 학문에서 받아들여지던 진리가 다른 학문의 영역에도 큰 영향력을 미칠 수 있다는 것은, 모든 학문이 인간에 의해 다뤄진다는 점을 생각하면 너무나 당연한 일이기도 하다. 그러나 현대는 각 분야가 지나치게 전문화되고 분화됨에 따라 사람들은 자기가 전공한 지식이나 자기가 다루는 기술 외에는 접근하지 못하거나 관심을 두지 않는다. 문제는 이렇게 단일한 능력만을 갖춘 사람은 그 능력이 사라졌을 때 큰 위기를 겪는다는 것이다. 그뿐만 아니라 다양한 영역의 지식을 넘나드는 것은, 한 영역 안에서 막혀있던 장애물을 넘게 해줄 수 있으며, 더 나아가 학문 간의 조화로 인해 이전에는 전무했던 영역이 펼쳐지기도 한다. 이러한 가능성을 꿈꾸고 이루기 위해서는 자신이 위치한 영역뿐만 아니라 폭넓은 세계에 대한 열린 인식이 필요하며, 이에 대해 적극적으로 도전하는 자세를 길러야 한다.

융합은 화학적으로 무언가를 합치는 것이다. 융합融合의 융融자는 녹을 융자로, 다리 셋 달린 솥 모양의 솥력鬲자에 벌레 충虫을 합친 글자다. 끓이면 김이 솥뚜껑으로 벌레처럼 솟아오른다고 해서 그 모양을 형상화해서 융融자가 되었다. 수소분자 하나가 산소분자 두 개와 붙으면 물이 된다. 원래의 형체가 전혀 다른 형체로 기적같이 바뀌는 게 융합이다. 원래 있던 것만 고집하면 발전할 수 없다. 융합해야 새로운 것이 나온다. 통섭은 융합과는 조금 다르다. 철학과 건축의 만남, 미술과 음악의 만남 그것이 통섭이다. 서로 다른 영역과 영역의 만남, 그 소통의 과정이 통섭이다. 그런데 이 융합과 통섭 이전에 꼭 필요한 게 있다. 지금까지의 경계를 허무는 자세, 바로 열린계 정신이다. 열린계 정신을 갖추지 않으면 융합이고 통섭이고 열린 혁신이고 어떤 것이든 가능할 수가 없다.

과학자들은 이제 더 이상 독방에 갇혀 실험만 해서는 안 된다. 문학 속에서 자연과학을 읽어내고, 음악 속에서 세상의 진화를 밝혀내야 한다. 그렇게 학문 간의 경계를 허무는 열린계 정신을 가져야 융합, 통섭도 가능한 열린 지식인이 될 수 있다.

법정 스님은
열린계의 리더였다

나는 법정 스님의 무소유 정신을 보며 많이 깨달은 바 있다. 무소유가 무경계가 아닐까 하는 생각을 하기도 했다. 소유에서 벗어나면 자유로울 수 있다. 경계에서 벗어나면 자유롭듯이 말이다. 더 가지려는 사회에서 덜 가지려는 무소유 정신은 패러다임의 역행이다. 그런데 그 역행이 오히려 자유를 준다. 그 역행이 새로운 가치를 창조한다. 사실 우리가 가지려는 건 자연 속에 다 있다. 더 큰 걸 바라보지 못하니 작은 것에 집착하게 된다. 비싼 나무를 사서 집안 마당에 키우기보다 멋진 나무들이 모여 있는 숲 속 근처에 집을 얻어 살면 된다. 사방 천지가 정원이고 내 나무들이다. 내 것이면서 내 것이 아닌 세상이 바로 법정 스님의 무소유의 세계이며 내가 이 책에서 얘기하는 무경계의 세계가 아닐까.

법정 스님은 자신의 종교에서도 닫혀 있지 않았다. 가톨릭의 신부, 수녀님들에게서 배웠고 목사님들과도 허심탄회하게 대화를 나누었다. 이미 스님의 마음속에는 경계가 사라져 있었다. 사실 종교인들은 경계가 뚜렷한 사람들이다. 내 종교가 최고라고 생각하는 사람들이 많은 닫힌계의 영역이다. 예수를 믿지 않으면 지옥 간다는 그 말 자체가 말도 안 되는 닫힌계다. 그러나 법정 스님은 그런 종교계의 상식적 경계마저도 허물었던 분이다. 그래서 나는 법정 스님을 감히 열린계의 리더라고 얘기한다.

법정 스님의 물리적 경계 특성을 보면 열린 경계를 유지하면서도 주위와 물자나 문물의 교환은 비대칭적이셨던 분이다. 스님은 자신에게 계속 들어오는 물자의 유입은 심하게 억제하며, 스님으로부터 생산되는 정신적 유출과 교환(수많은 수필 저술과 강론)은 반대로 참 너그러우셨던 존경해야 마땅한 분이다. 스님께서는 자신의 계 속을 비워야 선의 아름다움으로 채워진다는 지혜를 몸소 실천한 분이다. 스님은 늘 속세적 욕망과 인간으로서의 오욕칠정을 계 밖으로 버리고 자연으로부터 터득하는 아름다운 진리만을 채워 한세상 풀포기처럼 살다 간 분이다.

돌아가신 후 강원도 오대산 속 수유 산방에서 확인된 스님의 소유물은 겨우 네가지였다고 한다. 그것은 몇 권의 책, 음악을 들으시던 오래된 라디오, 찻잔 그리고 산방 문밖 단 몇 평의 채소를 직접 키워드시던 채소밭이었다. 스님은 버려야 할 것은 버리고 채워야할 것은 열심히 채워가는 열린 경계 속에 머물다 세상을 떠나갔다. 그분은 속세를 떠나 고립무원에서 철저히 스님의 일생을 살았지만 그분 개인과 삶의 계는 무한으로 열린계였다. 그렇게 스님의 경계는 물리적인 것은 물론이려니와 정신적인 크기에서 무경계이거나 무한의 열린 경계를 고집한 삶이어서 우리에게 귀감이 된다.

마음을 열면 혁신이 온다

Chapter.2

열린계의 적용

새로운 시대에 주목받는 창조적 능력은
남들이 생각해내지 못하는 해결책을 제시하는
능력만이 아니라 '개성적인 통찰력'을 요구한다.
복잡한 현실에서 '문제의 본질'이 무엇인지
명확하게 파악하는 능력, 문제의 본질을
남들과 다르게 새롭게 정의하는 능력,
그리고 황당한 아이디어를 현실 가능한 아이디어가
되도록 구체화할 수 있는 능력 등이다.

– 정재승

마음을 열면 혁신이 온다

열린 사람!
열린 세상!

열린계는 학문이나 역사 혹은
국가에서도 발견할 수 있다.
난 대한민국 청년들에게
열린계의 대표국가인 네덜란드를 보고
배우라 하고 싶다.
국민이 최소 3개 이상의 언어를 하는 나라,
국민 전체가 열린 사고로 도전하는 나라,
그게 대한민국 청년이 가야 할 길 아닐까?

학문의 열린계

문과, 이과 크로스 강의를 들어라

대학은 지적 호기심으로 충만한 곳이어야 한다. 오로지 자기 학문만 알고 다른 학문에는 문외한이 되어서는 안 된다. 학문이라는 것이 어떻게든 서로 연결된 것이지 자기 것만 옳고 대단하다고 닫아 놓은 건 학문이 아니다. 레오나르도 다빈치나 정약용을 보라. 그들이 한 가지 학문만 파고드는가. 하나를 파고들다 궁금하면 영역에 상관없이 궁금증을 풀기 위해 익숙하지 않은 다른 학문영역을 넘나드는 게 그들이다. 그것이 진정한 열린계 학문이다.

나는 학창시절에 공대생이었지만 가끔 인문대의 시 창작 강의나 영문과 강의를 청강하곤 했다. 내 전공에 닫혀있던 꽉 막힌 속이 그 강의를 들으면서 뻥 뚫린 느낌이었다. 대학에 입학하면 자기 전공만 공부해서는 안 된다. 인문대생도 생물학이나 건축학 등의 강의를 가끔 들어줄 필요가 있다. 마음만 먹는다면 무슨 강의든 들을 수 있는 세상이다. 만약 시간이 없다면 스마트폰에 강의앱을 깔아서 틈틈이 듣는 것도 좋다. 나도 가끔 버스나 지하철 안에서 세바시 15분 강의나 인문학 강연을 듣곤 하는데 나에게 열린 사고를 갖게 하는 데 아주 큰 도움이 된다.

우리나라 성인의 절반이 문과를 나오고 전공 외의 공부에는 무관심해 과학지식이 중학교 2학년 수준이라는 말이 있다. 대학생이라면 기본적 과학지식을 갖고 있어야 한다. 인문대생들의 과학 홀대는 아주 심각한 정도다. 자연과학 학습단체인 '박문호의 자연과학 세상(박자세)'을 진행하는 박문호(56) 박사는 인류지식의 80%가 자연과학에서 나왔기에 적어도 지식인이라면 자연과학 대 인문사회과학을 8대2로 배워야 한다고 말한다. 필자도 같은 생각이다. 필자가 이공계 출신이어서 하는 말이 아니다. 적어도 우리 인류는 과학을 통해 엄청난 진보를 이루었다고 믿는다. 그렇기에 내 분야가 아니라는 이유로 무시해서는 인류의 큰 흐름과 지적 깊이를 알아낼 수가 없다.

흔히 인간을 연구하면 인문학이고, 그 외의 것 그러니까 자연을 연구하면 자연과학이라고 한다. 그런데 인간과 자연을 어떻게 구분하는가? 인간과 자연이 서로 떨어져 살 수 있는 존재인가? 우리 스스로 지식의 한계를 만든 것은 아마도 이분법적 사고 때문인 것 같다. 이분법은 닫힌계다. 무엇이든 선을 긋는 순간 지식의 세계는 좁아진다. 나는 솔직히 진보와 보수의 구분도 참 마음에 안 든다. 진보의 단어에 갇힌 순간 세상의 시선에서도 자유롭지 못하고 스스로도 생각의 크기도 위축된다. 보수도 마찬가지다.

억지로 문과와 이과를 구분해 놓고 요즘은 융합과 통섭이 유행이 되고 있다. 이 유행에서 의연하게 앞서가려면 "나는 이과라서 못해", "나는 문과라서 그 책 안 읽어"라는 강박관념에서 벗어나야 한다. 인문대생도 코스모스 정도는 읽어야 한다. 공대생도 세계문학 한두 권 정도는 들고 다녀야 한다. 과학책 속에도 인류의 감성이 숨어져 있고, 소설책 속에도 과학이야기가 있다. 이 경계를 자유롭게 넘나들어야 진정한 지식인이 될 수 있다.

경영학을 전공한 한 대학원생이 이런 말을 한다. "과학과 인문학의 만남, 우리나라에선 이를 다 아우를 수 있는 의제와 교육이 부족한 것 같아요. 한국 공교육에선 이를 맛보는 게 사실상 불가능하죠. 책도 읽으면서 개인이 애쓰는 방법밖에 없는지... 우리가 알아서 노력해야 하는 문제라고 생각하면 답답하기도 합니다." 나는 이 학생의 고민에 공감하면서도 의지에 대해서는 의심한다. 두드리고 구하면 열린다. 과학의 세계는 어려운 세계가 아니다. 혹시 자기 입맛에 맞을 거 같은 이공계 강의실도 기웃거리고 고전이 된 과학책도 읽어라. 열린계는 실천하고 시도하는 이들에게 그 모습을 드러낸다.

역사의 열린계

실크로드와 동방견문록, 동양과 서양의 열린 만남

"곱슬머리에 푸른 눈의 서역 아가씨, 조용한 밤 술집에서 풍악을 울리네. 소리는 마치 하늘에서 내려오는 듯한데, 밝은 달 아래 고향 바라보며 한없이 울고 있구나" 1,300년 전 당나라의 시인 이하가 읊은 시의 한 구절이다. 이 시에 나오는 서역 아가씨는 당시 당나라의 수도인 장안의 한 술집에서 일을 하는 호희胡姬를 의미한다. 실크로드를 통해 동양과 서양으로 사람이

오고 가고 문화가 오고간 하나의 일화다.

실크로드는 동양과 서양이 서로를 알게 된 혁명적 사건이다. 닫힌계가 열린계로 바뀌는 데는 어떤 계기와 자극이 있다. 서양의 눈으로 보았을 때 한때 동양은 닫힌계였다. 그런데 실크로도가 그걸 열어 놓았다. 실크로드란 인류문명의 교류가 진행된 통로를 말한다. 실크로드라는 말은 130여 년 전인 근세에 와서 출현했는데, 이 명칭을 처음 쓴 사람은 독일의 지리학자 리히트호펜Richthofen, 1833~1905이다. 실크로드는 3대 간선과 5대 지선이 있는데 신구 대륙 간의 문물교류가 이루어지면서 전 지구적 규모의 열린 네트워크를 형성했다. 실크로드를 통해 이슬람의 문명이 유럽이나 동양으로 퍼져갔으며 건축, 음악, 과학 등의 변화가 일어났다. 그렇게 동양과 서양은 서로 만나고 나누고 융합하면서 서로의 문화를 풍성하게 했다. 그런데 그 당시에 유럽은 닫힌계였던 것 같다. 이슬람 문명에 대해 문을 연 것이 아니라 파괴를 일삼았기 때문이다. 상대 문명을 존중하는 자세는 전혀 없었다. 이런 자세는 말 그대로 오만함의 극치다. 오만함은 스스로를 가두는 닫힌계다. 교류가 이루어지지 않는다면 발전할 수가 없다. 유럽 중세역사학자 앙리 피렌은 이슬람 문명이 없었다면 유럽 문명도 있을 수 없었다고 단언한다.

저런 양심 있는 철학자가 열린계를 이끄는 사람이다.

동서양의 닫힌계를 열린계로 바꾼 인물로 마르코 폴로를 빼놓을 수 없다. 그는 보석상인 아버지와 삼촌을 따라 동방으로의 아주 긴 여행을 떠났다. 1271년 고향 베니스를 출발하여 흑해를 횡단하고 파미르 고원과 타림 분지를 지나 원나라의 수도 북경에 다다랐는데, 그때 원의 황제가 쿠빌라이였다. 젊은 상인인 마르코폴로는 쿠빌라이의 신임을 받아 1275년부터 1292년까지 17년간 중국의 지방 행정직에 봉사하면서 중국의 문물을 두루 익혔다. 그는 중국 남방의 최대 무역항 천주를 출발하여 남중국해, 믈라카 해협, 인도양, 아라비아 해, 페르시아 만의 호르무즈 항에 기항한 후 1295년에야 다시 고향 땅을 밟았다. 사실 마르코폴로에게 그리 큰 의미를 부여할 필요는 없다. 그는 단지 여행자였기 때문이다. 그러나 그의 여행이 기록으로 남겨지면서 그 기록은 유럽에 적지 않은 파장을 일으켰다. 마르코폴로의 『동방견문록』을 보며 밑줄을 치는 사람이 있었다. 그는 중국에 대한 호기심을 참을 수 없어 동방으로 직접 여행을 떠나기로 한다. 그의 이름이 바로 콜럼버스다. 열린계는 또 다른 열린계를 만든다. 닫힌계는 그냥 소멸한다. 아주 작은 시도도 세상의 큰 변화를 준다.

사실 닫힌 세상을 열게 해 준 데는 실크로드와 『동방견문록』만이 아니다. 조금 부정적이기는 하지만 인류사에 있어 동서를 소통하게 한 건 전쟁이었다. 사람들은 늘 싸웠다. 싸우면서 서로에게 영향을 받았다. 이것도 열린계라고 얘기해야할지는 모르겠지만 경계를 빠른 시간에 허무는 데는 전쟁만큼 큰 역할을 한 것도 없다. 초등학생도 대학생도 늘 싸운다. 여당과 야당은 반세기 동안 지독하게 싸운다. 남한과 북한은 어떤가. 단순히 문화의 교류만으로 경계를 허물지는 않는다.

역사의 열린계에는 이렇게 문물교류, 여행 그리고 전쟁 등으로 서로의 닫힌계를 열었다. 결국은 어떤 자극이 있었기에 가능한 일이었다. 자극은 무언가를 시도한다는 것이다. 그 시도가 역사의 변화를 만든다. 우리 청춘들도 그냥 주저앉아 있으면 안 된다. 자신의 현재와 미래를 위해, 그리고 인류의 역사를 위해, 비록 아주 작은 시도일지라도 몸부림쳐야 한다. 그것이 향후 어떤 결과로 이어질 지에 대해서는 아무도 속단할 수 없다. 그야말로 열린계는 무궁무진한 가능성의 공간이기 때문이다.

국가의 열린계

히딩크의 나라 네덜란드는 열린계의 대표국가

나는 네덜란드 축구를 좋아한다. 아주 공격적이기 때문이다. 축구 하나만 가지고 그 나라의 국민성을 유추한다는 게 좀 무리일 수 있지만 나는 네덜란드 국민도 상당히 공격적일 것 같다고 생각한다. 히딩크만 해도 대한민국 축구를 본선 첫 승, 16강, 8강으로 진출시키면서 여전히 배가 고프다고 하지 않았던가. 네덜란드는 실패를 두려워하지 않고 계속 시도하는 나라다. 닫힌 세계를 공격적으로 열어가는 열린계의 대표국가가 네덜란드다.

네덜란드는 유럽의 아주 작은 나라이지만 독일이나 프랑스에 밀리지 않는 강한 나라가 되었다. 네덜란드는 지정학적으로 아주 좋은 땅을 가진 나라는 아니다. 라인강 하류에 위치해 홍수도 잦고 북해 해일 영향이 있는 수해지구이기도 하다. 15세기 이후 영국, 스페인, 포르투갈 등 유럽의 선진 국가들이 바다로 진출해서 미지의 세계를 발견할 당시 네덜란드는 부단히 홍수와 해일을 막아내면서 살았다. 척박한 나라에서 살아남기 위해 젊은이들은 제방과 둑을 만들어야 했다. 어느 정도 제방과 둑을 완성하자 네덜란드 사람은 유럽에서 가장 늦게 바다로 진출한다. 당시 인구 200만 명 중에서 100만 명이 선원이 돼서 바다로 진출할 정도로 과감하고 공격적이었다. 그렇게 국민 전체가 열린 사고로 도전하며 세상을 향해 나갔다. 그렇게 해서 주식회사 동인도회사라는 세계 최장 해상무역회사를 만들기도 했다.

나는 우리나라 젊은이들이 네덜란드의 열린 사고를 꼭 배웠으면 한다. 네덜란드 국민은 낙천적이고 개방적이다. 긍정적인 사고와 친화력, 타협 정신이 돋보인다. 개인주의 나라인 미국도 못 따라가는 신자유주의 국가가 네덜란드다. 어느 나라나 문제가 있는 동성애, 마약, 매춘 등을 합법화라는 역발상의 틀로 예방하기도 한다. 우리가 네덜란드에게 배워야 할 것 중에 하나는 바로 언어다. 그들은 살아남기 위해서 그랬는지 몰라도 국민 한 사람이 여러 언어를 한다. 프랑스어, 독일어, 영어를 유창하게 하는 국민이 네덜란드 국민이다. 잘 알다시피 히딩크도 5개 국어를 하는 것으로 알려지지 않았는가. 네덜란드 CEO의 72%가 3개 국어를 구사한다고 한다. 전 국민의

90%가 하나 이상의 외국어를 쓰고 44%는 2개 국어, 12%는 3개 국어를 사용한다. 외국어 학원이 별로 없는데도 외국어에 자신감을 느끼고 있다. 대학생들은 이웃 나라에서 국제 감각을 익히며 상당한 외국어 실력을 갖추고 있다. 나는 열린계를 이루기 위한 가장 중요한 열쇠가 바로 언어라고 생각한다. 언어만 습득하면 세계 어느 곳에서든 나의 능력을 펼칠 수 있고 세계의 지식을 흡수할 수 있다. 그런 점에서 네덜란드는 열린계의 대표적인 기준이 되는 나라라 할 수 있다.

네덜란드는 파고들면 들수록 재밌는 나라다. 전쟁수단에만 이용하던 비행기를 여객기로 만든 최초의 나라가 네덜란드이기도 하다. 네덜란드는 1919년 세계 최초로 항공사를 설립했고 일등석, 이코노미석 등으로 구분했다. 겨울에 얼어붙은 댐을 스케이트 여행코스로 만들었고 홍수와 해일에서 살아남을 수 있게 하려다 보니 수영은 아이들의 필수과목이 되었다. 네덜란드 출신의 유명한 수영 선수, 자전거 선수가 많은 게 바로 그런 이유다. 나도 예전에 네덜란드 사람을 만난 적이 있는데 상대를 배려하는 자세를 많이 느꼈다. 네덜란드 사람은 멱살 잡는 일이 없다고 한다. 확인해보지 않아서 모르겠지만 몇몇 사람을 만나본 결과 어느 정도 확신은 든다.

네덜란드 아이들은 경제적 관념이 아주 철저하다. 아이들은 집에서 쓰던 장난감, 인형, 자전거, 재활용품을 깨끗하게 세탁하고 좋은 자리를 잡아 적정 가격으로 값싸게 흥정해 물건을 판다. 그것이 네덜란드 아이들의 벼룩시장이다. 그것이 네덜란드 아이들의 열린계다. 그 아이들은 자신들 또래와 직접 거래하는 것에 큰 재미와 흥미를 느끼며 비록 적은 수입이지만 스스로 살아가는 자립심을 갖게 된다. 내가 이 책에서 주장하는 열린계를 대한민국 청년들에게 가장 효과적으로 전하기 위해서는 일단 네덜란드부터 배우라고 얘기하고 싶다.

과학의 열린계

보이지 않는 것을 열어주는 신의 입자, 힉스

세상은 무엇으로 만들어졌을까? 수천 년 동안 인류가 가져온 질문이며 아직도 답을 찾지 못한 문제다. 누구는 물이라고 얘기하고, 누구는 불이라고 얘기한다. 물, 공기, 불, 흙…….그러나 이것들로 세상을 만들었다고 단정을 짓지 못했다. 과학은 보이는 세계만 판단한다. 보이지 않는 세계, 입증할 수 없는 세계는 인정하지 않는다. 인정하지 않는 세계, 그 세계가 바로 닫힌계다. 과학자들도 열린 마음을 가지고 있어야 새로운 가치를 발견할 수 있다. 실험하고, 입증해야만 믿을 수 있는 것은 닫힌 사고이고 닫힌계다. 그렇다고 입증되지 않은 것을 무턱대고 믿으라고 얘기하는 건 아니다.

세상이 무엇으로 만들어졌는지 입증하기 위해 과학자들을 무수한 노력을 했다. 그래서 현대 물리학자들은 양자물리학의 발견을 토대로 자연현상을 설명하는 입자의 표준모형을 제시하기에 이르렀다. 이들 과학자는 우주의 모든 물질과 세상을 움직이는 힘을 만드는 기본 입자를 총 17개라고 주장한다. 그것은 쿼크라는 입자 6개, 렙톤이라는 입자 6개, 그리고 이들 사이의 힘을 매개하는 입자 4개의 16개 입자에, 이들 입자에 질량을 부여하는 힉스 입자까지 총 17개의 입자로 표준모형이 구성되어 있다고 한다. 이 17개의 입자가 모든 자연 만물을 만들며 힘을 부여하는 기본 입자다.

그런데 힉스를 제외한 모든 입자는 다 찾아냈다. 그러나 마지막 힉스 입자는 찾기가 쉽지 않았다. 이 힉스 입자만 찾으면 표준 모형이 완성되며 그동안 진행됐던 모든 과학적 논의가 옳았다는 것을 증명할 수 있었다. 힉스 입자는 모든 만물에 질량을 부여해 주고 사라지는 보이지 않는 입자다. 그런데 모든 만물은 16개의 입자와 이 힉스입자로 구성되어 있다는 것이다. 이론상으로는 분명히 존재하지만 실제로 이 힉스 입자를 찾는다는 것은 거의 불가능에 가까웠다. 그래서 신의 입자라고까지 이름이 붙여졌다. 이론상으로만 존재하였던 보이지 않는 입자인 힉스를 찾기 위한 노력이 미국의 페르미 연구소나 유럽의 센CERN 연구소에 의해 경쟁적으로 진행됐다. 결국, 2013년 그 힉스입자를 이론적으로 제시하였던 피터 힉스와 앙글레르 박사가 노벨 물리학상을 받는다.

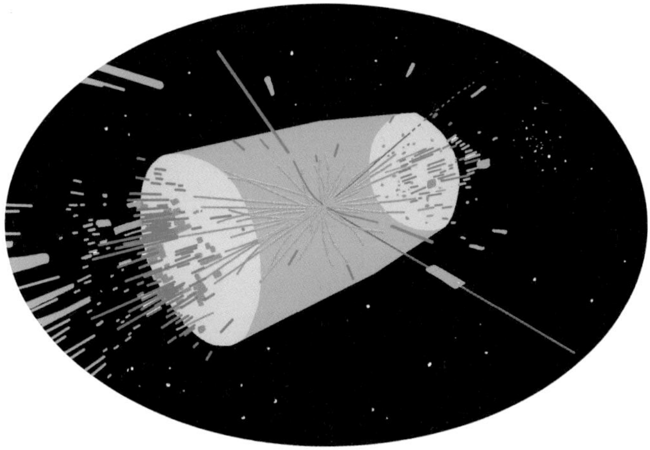

힉스입자는 과학의 닫힌계에서 열린계로 가는 중요한 열쇠다. 힉스입자는 양전자와 전자가 서로 충돌하여 쌍소멸 직전의 상태에서, 인플레이션을 만나 그 상태 그대로 영원히 시간의 얼음 속에 갇히게 된 순간에너지(순간질량)다. 너무 무거워(질량 무한대) 빛도 빠져 나올 수 없는 특이점을 블랙홀이라 하고, 너무 가벼워(질량 0) 빛도 다가갈 수 없는 특이점을 화이트홀이라 한다. 모든 힉스 입자 가운데에는 화이트홀이 존재한다. 블랙홀과 화이트홀은 동전의 양면과 같은 것으로, 블랙홀의 사상의 지평선과 화이트홀의 사상의 지평선은 동일하며, 블랙홀의 사상의 지평선 내부에서 블랙홀 외부를 바라보면 그것이 화

이트홀이다. 영화 〈인터스텔라〉를 생각하면 쉽다. 힉스는 닫힌계와 열린계 사이의 무경계일 수도 있다.

과학의 신의 영역에 대한 도전은 사실 불가침의 영역이었다. 그러나 힉스를 통해 인류는 무언가 실마리를 찾으려 했다. 아인슈타인은 양자역학의 확률론적 해석에 반대하며 신은 주사위 놀이 따위는 하지 않는다고 했다. 표준모형을 구축했던 스티븐 와인버그Steven Weinberg는 "자연의 최종법칙들을 신의 마음이라는 말로 표현하는 것은 참을 수 없을 만큼 매력적인 은유다."라고 했다. 신의 마음이 참을 수 없을 만큼 매력적인 은유라고 한 까닭은, 과학이 지금까지 인간 지성과 인류문명의 최첨단에서 그 경계를 넓혀 온 덕분에 그 바깥세상을 지배하는 절대자에게 가장 강력한 위협이 되어 왔기 때문일 것이다. 열린계가 가고자 하는 부분이 그 부분이지 않을까.

마음을 열면 혁신이 온다

Chapter.3

열린계의 역사

기술만으로는 충분하지 않다는 것,
그 철학은 애플의 DNA에 내재돼 있습니다.
가슴을 울리는 결과를 내는 것은
인문학과 결합된 기술임을 우리는 믿습니다.
– 스티브 잡스

마음을 열면 혁신이 온다

열린 과학,
열린 인문학

문과와 이과는 왜 헤어져 있어야 하는가?
과학과 인문학의 거리는 왜 좁혀지지 않는가?
열린 과학, 열린 인문학을 위해서는
서로의 거리를 좁히는 노력이 필요하다.

닫힌 중국을 배우려 했던 열린 서양 과학자

필자는 공학자(엔지니어)다. 나름 학식을 갖춘 수준 있는 공학자가 되어보려 국내에서 화학공학과 학부를 졸업하고, 한국원자력연구소 연구원으로 첫 직장생활을 시작했다. 70년대만 하더라도 우리나라에는 이공계의 대학원 석박사과정이 활발하지 못하여 박사학위 취득을 위해서는 선진국으로 유학을 가야 했다. 당시, 상계동에 위치한 원자력연구소KAERI나 홍릉에 있던 한국과학기술원KIST은 이공계 학부를 마치고 유학을 꿈꾸던 젊은이들이 유학을 준비하는 곳이었다. 필자도 이런 분위기에 휩쓸려 팔자에도 없던 미국 유학을 준비하던 중, 교육부가 시행하던 국비유학생에 선발되어 미국으로 유학을 갔다. 나는 화학공학 중 비교적 과학에 가까운 분야인 '유체 열역학Fluid Thermodynamics'이란 물리과학을 전공했다. 그러나 내가 공부한 공학 분야는 그렇게 대중적이지 못한 닫힌계였다. 나는 이 공학 분야를 대중에 어떻게 하면 쉽게 알릴 것인가를 고민했다. 그래서 생각한 것이 열린계다. 열린계는 열역학 용어지만 우리 인류의 세상사에 적용하기 쉬운 말이다. 앞에서도 말한 것처럼, 이 열린계를 통해 세상 사람들에게 닫혀있는 공학과 과학을 일반 대중에게 알리고자 하는 마음으로 이 책을 쓰기 시작했다.

독자들을 학생이라 간주하고 우선 한 가지 질문부터 해보자. '과학이란 무엇인가?'와 같은 질문 대신, 아주 실용적인 질문을 하나 해보자. 여러분이 훌륭한 과학자가 되기를 꿈꾸고 있던 중에 서양 선진국에 유학할 기회가 생겼다고 하자. 그렇다면 동양인 우리나라에서 대학원을 다닐 것인지, 아니면 서양으로 유학을 갈 것인가? 그리고 귀하의 대학원 교육 최종 결정지는 어디인가? 국내인가 아니면 서양인가 ?

물론 최근 국내의 대학원 수준은 옛날과 다르며 여러 분야에서 세계적인 수준의 다양한 대학원 프로그램이 운용되고 있다. 이제 유학이 필수 스펙이 아닌 시대에 살고 있다. 그렇다 할지라도, 필자의 주관적 생각이지만, 여러분 중 다수는 아마도 서양으로 유학길에 오르게 될 것 같다. 역사적으로 보아 지난 300여년 이상 인류의 과학과 공학 분야 교육이나 연구는 유럽과 미국의 주도권 하에 발전해왔다. 서양 세계는 근대 과학의 탄생지이자 상징으로 여겨지고 있기 때문이다. 현대 과학기술의 주도권은 땅의 크기에 비례하지 않기에 우리나라처럼 작은 동양의 나라가 과학기술의 선진국이 되지 못할 아무런 제약이나 이유는 없다. 그러나 동양의 작은 나라 한국인으로서 과학기술 선진국이 아닌 작금의 현실이 참으로 씁쓸하지만, 우리는 그 현실을 받아들일 수밖에 없다.

오늘날 과학과 공학의 길은 모두 유럽과 미국으로 통한다고 한다. 그러나 꼭 그렇게만 볼 수 없다. 잠시 역사를 살펴보니, 모든 과학의 길이 중국을 중심으로 동양으로 통하던 시절이 있었다는 사실이다. 동양이 인류 과학기술의 중심에 서 있었던 오랜 세월이 있었고, 당시를 연구하는 많은 동서양 학자도 있다. 그 중에서 대표적인 학자의 한사람으로 영국의 생화학자 조지프 니담J. Needham을 들 수 있다. 그는 서양의 과학기술이 동양을 추월하기 전, 명실상부하게 과학과 기술의 종주국이었던 중국에 대해 관심을 가지고 평생 중국의 과학과 문명을 광범위하고 치밀하게 연구한 과학자다. 16세기 이전까지 중국의 과학과 기술 문명은, 한 서양 과학자에게 자신의 삶을 모두 바쳐 연구 할 만큼 대단했다. 그에게 중국은 어떤 나라였을까? 서양인의 시선에서 동양의 중심이라 여겼던 중국은, 얼마나 찬란한 과학 문명을 꽃피웠을까? 얼마나 그 힘이 막강했는지, 우리는 열린 사고로 서양과학자 니담이 바라본 닫힌 중국의 과학 수준과 기술 문명의 신비를 살펴보고자 한다.

15세기까지 중국 과학은 서양이 따라잡을 수 없는 수준

니담(3)이 캠브리지 대학에서 수학하고 같은 대학의 젊은 교수로 재직하던 중, 그는 이 학교로 유학 온 중국인 학생들이 보여주는 과학적 지식에 놀라움을 감추지 못했다. 니담은 중국 유학생들과의 지적 대화를 통해 중국이 기원전부터 16세기 즈음까지 지녀온 찬란한 과학과 기술문명의 전통을 접하게 되었다. 그러다 문득 니담은 우수한 과학적 문화전통을 꽃피워온 중국이 16세기말부터 시작해 현대까지 인류의 자연과학과 기술의 성장에 별로 기여하지 못하고 그 주도권을 어찌하여 서양에 내주게 되었는가에 궁금함과 높은 지적 호기심을 품게 되었다. 영국과 프랑스를 중심으로 하는 서구에서는 16세기 즈음해 근대 과학과 기술문명이 크게 진보한 데 반하여

---

(3) 영국 출신의 생화학자 겸 과학사학자였던 니담의 『중국의 과학과 문명』(Science and Civilisation in China)은 1954년 제1권이 출간된 이래 1995년 그가 죽음을 맞이하는 순간까지, 아니 지금도 그 집필과 출간이 계속되고 있는 20세기 최대의 저술 작업이다. 총 7권 34책의 규모로 출간이 기획돼 있으며, 현재 모두 19책이 출간됐다. 그 대체적인 규모를 살펴보면 제1권(1책) 서론 및 배경, 제2권(1책) 과학사상사, 제3권(1책) 수학, 하늘과 땅의 과학들, 제4권(3책) 물리학과 물리기술, 제5권(14책) 화학과 화학기술, 제6권(10책) 생물학 및 생물학기술, 제7권(4책) 사회적 배경 등으로 구성돼 있다.

왜 중국의 과학과 기술문명은 발전하지 못하고 그 자리에 머물 수밖에 없었을까. 니담은 도대체 중국의 과학기술이 그런 답보적인 모습을 지닐 수밖에 없었던 이유가 과연 무엇인지를 규명하고자, 평생을 바쳐『중국의 과학과 문명』*The Science and Civilization in China*이라는 방대한 시리즈의 책을 저술했다.

1954년부터 출판되기 시작한『중국의 과학과 문명』은 과학의 뿌리가 서구 역사에만 존재했던 것이 아니라 동양의 중국에서도 존재했다는 사실을 주목한다. 처음에 니담은 몇몇 중국계 학자들의 도움을 받아가며 혼자서 이 책을 집필하였다. 이후 각 분야의 전문 연구자 여럿이 참여하여 해당 분야를 전담하여 집필하는 형태로 바뀌었다. 현재는 영국에 큰 규모의 '니담연구소'가 세워졌고, 이를 중심으로 집필 작업이 계속되고 있다.

방대한 규모의『중국의 과학과 문명』에는 중국 전통 과학기술의 성과가 아주 분명하게 담겨 있다. 이를 통해 그 전까지 잘 알려지지 않았던 중국 과학기술의 모습이 서구중심의 세상에 알려지게 됐다. 중국의 과학지식과 기술수준이 르네상스 이전, 유럽보다 훨씬 풍부하고 선진적이었던 것은 사실이다.

니담의 저술에 따르면, 중국은 3세기부터 13세기에 걸쳐 서양이 상상할 수 있는 수준 훨씬 이상의 과학과 기술적 수준을 창달했으며, 중국 과학기술분야의 다양한 발명과 발견, 그리고 그 수준은 동시대 유럽의 수준을 크게 능가하여 15세기 이전까지 그 격차가 현저했다.

[J. 니담, 『중국의 과학과 문명』, 제1권 (서편)]

또한, 이와 같은 과학기술적 역사의 관점에서 같은 시대 서양문명권 이외의 다른 문명권에도 상당한 수준의 과학기술이 존재했었다는 사실을 얘기하고 있다. 더구나 이 책의 곳곳에는 유럽에서 탄생한 근대 과학이 중국 과학에 많은 빚을 지고 있다고 증명함으로써, 과학기술의 본질이나 근대 과학기술의 성격을 다시 되돌아보게 하는 계기를 마련했다. 즉, 니담의 "모든 민족과 문화의 고대 및 중세 과학기술은 근대 과학기술이 대양으로 흘러 들어가는 강물들"이라는 유명한 비유에서 드러나는 것처럼, 근대 과학기술은 '유럽적인' 또는 '서양적인' 과학이 아니라 보편적으로 유효한 세계적인 과학기술이라 할 수 있다. 그리고 근대 전 세계 과학기술의 형성과 진보에 중국의 과학기술이 근본적 기여를 했다고 볼 수 있다.

『중국의 과학과 문명』은 서구는 물론 동양문명권에도 괄목할 만한 성공을 거두면서 전 세계의 과학기술계는 물론 학계 전반에 큰 반향을 불러일으켰지만, 그의 주장은 비판 또한 적지 않게 제기됐다. 예를 들어, 니담은 제3권의 하늘의 과학에 속할 천문天文이나 땅의 과학에 속할 풍수지리風水地理와 같이 중국 사회에서 매우 중요한 역할을 담당했던 분야를 모두 '사이비 과학pseudo-science'으로 취급하여 제대로 살펴보지 않은 것으로 보인다. 다분히 비역사적인 이런 관점은 중국과학사를 중국 역사 속에서 제대로 이해하지 못하게 하는 커다란 장애요인이 되기도 하였다. 그러나 『중국의 과학과 문명』은 중국은 물론이고 오랜 문화적 전통을 갖고 있는 동아시아 지역의 과학기술사 연구자들에게 상당한 자극이 되었다. 또한, 이 책은 그들에게 좋은 안내서이면서 동시에 반드시 넘어야 할 벽이었다.(4)

(4) 김우창, 『103인의 현대사상』, 민음사, 2003.

■ 고대 인류의 문화발상지 중국[5]

중국은 바빌로니아, 이집트, 인도와 더불어 고대 자연철학의 발생지 중의 한 곳이다.

1. B.C. 15C 商나라의 안양현에서 발굴된 유물에 따르면 "중국은 이미 청동기와 마차 사용, 비단, 벼농사법 등을 개발해 사용한 기록이 있다. 또한 서양 수학의 기초가 되는 진법 중 60(괘)진법이 고안되어 사용되었다고 한다. 아마도 이는 진법을 처음으로 제안한 바빌로니아 문명에 영향을 받은 듯하다

2. B.C. 6C 서역에 위치한 秦나라에서 철기문명이 발전되었으며, 이후 秦나라B.C. 2C가 중국을 군사적으로 통일하는 기술적 토대가 되었다.

3. 秦을 이은 漢 왕조시대에 이미 대학을 창건하고 학문을 숭상하였으며, 관료정치의 초기 형태가 개발 · 시행되었다.
   1) B.C. 1C에는 나침반의 원리가 발명되었으며,
   2) B.C. 105에는 채륜蔡倫에 의해 종이가 발명되고, 수평차, 도르래, 벨트를 사용하는 풀무와 농기구 수직차를 이용하여 절굿공이 발명되는 등 우수한 고대 과학문명의 꽃을 피우기 시작했다.

4. B.C. 480, 秦 및 漢 왕조시대, 자연철학에 대한 사상적 토대가 발전했다.
   1) 戰國시대 諸子百家: 墨家들은 파괴적 전쟁방지 연구의 결과 군사훈련, 광학, 기계학, 축성법을 발명해 사용했다.

---

(5) Google Wikipedia를 가로지르며 다시 정리한 내용임.

2) 오목거울, 볼록거울에 의한 빛의 반사이용, 거울의 곡률과 상의 크기, 위치간의 상관관계 법칙을 발명해 사용했다.

5. 九章算術B.C.10C 경 최초 편찬후 2C년경 다시 편찬 九章算術 단어장이 발명되고 황제黃帝가 예수에게 명하여 만들었다고 하는, 중국中國에서 가장 오래된 아홉 가지 산술 법식法式이 전해지고 있다.
   1) 연립방정식 풀이, 삼각형의 면적계산, 양수와 음수계산, 원주율(π), 10의 제곱근을 발명했다. 그러나 이와 같은 기하학을 활용하여 정량적으로 천문관측에 응용하는 우주의 공간적 해석 등에 대한 기록이 남아 있지 않아 아쉬움으로 남는다.

   2) 천문계산이 대수적이기 때문에 우주의 구도를 연구하여, 다양한 우주론이 대두되다. (渾天說 등)

   3) 그러나, 과학적 실험을 비천한 것으로 간주, 이론과 실험을 결합한 실용적인 연구를 소홀히 한 점이 아쉬움으로 남는다.

6. 宋대: 다수의 수학자, 천문학자, 측량사 등이 배출되다
   1) 數書九章(秦九韶 저술) 자릿수 정하는 법, 0의 기호도입, 3각법 문제에 대한 대수학적 방법, 고차원적 수치방정식과 부정방정식 등 고도의 수학이 발달되었다.

7. 唐대: 종이, 나침반, 도자기제조기술, 목판인쇄, 화약이 발명되다.

8. 漢대: 종이 제조술 발전으로 많은 책자 발간, 이 기술은 이후 바그다드Bagdad로 전파, 십자군전쟁을 통하여 유럽으로 전해져 구텐베르크 인쇄술개발의 기초가 되다.

철학에서 발전한 중국의 천문학, 그것이 바로 열린계

흔히, 자연철학이나 자연철학자라고 하면 고대 그리스 초기의 유물론적 철학자들을 쉽게 떠올린다. 탈레스, 피타고라스, 헤라클레이스토스, 엠페도클레스 등은 우리에게 잘 알려진 서양의 유명한 고대 자연철학자들이다. 중국에서는 춘추전국시대부터 자연과학과 철학이 발달하였다. 독자들도 많이 들어보았을 유교, 도가, 묵자들이 자연철학자군에 속한다고 볼 수 있다.

유교儒敎 사상가는 자연 그 자체에 대해서는 비교적 무관심했기 때문에 자연이 아니라 사람의 仁을 중심으로 사물의 현상을 설명하려 했다. 도가道家 사상가는 유교사상가와 달리 자연에 대해 깊은 탐구적 자세와 관심을 보였다. 도가사상가들은 사람도 자연의 일부로 여겼으며, 자연을 보다 객관적으로 관찰하려고 했기 때문에 유교 사상가들의 인간위주 사유에 비판적이었다고 볼 수 있다. 그들은 과학의 논리적 사고를 매우 중시했다. 이런 논리적 사고는 광학, 기하학, 역학의 기원이 되었다. 공손룡과 혜시도 마찬가지로 논리적 사고의 중요성을 강조했다.

이와 같이 중국의 고대 자연철학은 춘추 전국시대에 크게 발전하게 되었다. 동양적 천문학으로서 음양오행설 또한 이 시기에 태동하게 된다. 음양오행설에 관해서는 무수한 주장과 역사적 자취가 있지만 간략히 언급한다면, 물질세계의 운동과 발전은 음양의 두 가지 속성의 대립과 조화의 결과라고 간주한다. 오행학설에 의하면 목木, 화火, 토土, 금金, 수水를 만물을 구성하는 기본원소로 여긴다. 또, 이것들의 상호 생극제약生剋制約 관계가 물질운동의 기본원리라고 간주한다. 이러한 음양오행설은 역사를 추동하는 힘인 5색色(색상), 5곡穀(곡식),5방方(방향), 5음音(음악의 기본음), 5윤倫(인간관계)의 다섯 가지 음양의 형태로 발달하였다.

특히, 중국의 고대 자연철학 발전이라는 관점에서 두드러지는 것은 자연철학자들이 우주와 천체에 관심을 갖게 되었으며, 동양적인 음양오행설 형태로 발달하였다는 점이다. 그것이 열린계, 열린 학문의 시작이었다. 우리는 철학에서 우주과학으로 발전해가는 중국의 이러한 천문학 흐름을 주목할 필요가 있다.

고대 중국의 대표적인 우주관은 개천설蓋天說, 혼천설渾天說, 선야설宣夜說이 있다. 먼저 개천설을 살펴보면 하늘은 둥그스름한 우산처럼 되어 있다고 보고, 그 하늘 아래 평평한 땅이 있다고 보는 가설이다. 혼천설은 하늘은 달걀 껍데기와 같고, 땅은 가운데 노른자위와 같다고 간주했다. 이 시기부터 고대 중국에서는 태음태양력을 사용하기 시작했으며 해와 달, 그리고 행성의 위치를 계산한다든지, 일식과 월식을 예보하는 학설이 발전되어 항성의 위치를 관측하는 천문학이 태동되기 시작했다. 선야설에서는 우주는 무한공간이며 그 속에서 해, 달, 그리고 별들이 서로 다른 길을 운행한다고 간주했다. 이처럼 서로 근본 개념이나 가설이 다른 우주관이 발전하면서, 고대 중국에서 천체의 천문학에 대한 관심은 천체를 관측하는 일, 천문계산법, 역법, 이후 점성술로 발전되게 된다. 또한 이러한 시간時間인식이 포함되는 천체 운행의 관측개념이 발전하여 이후 해시계나 물시계가 발명 사용되었고, 관련 일자 계산 기술이 정밀화되어 발전했다.

중세 중국의 송宋, 원元, 명明 시대에 접어들면서 중국의 천문학은 고대로부터 발전된 천문 우주관을 전수 발전시켜 정밀한 천문관측 기구들이 발달하기 시작했다. 송대 천문학자, 설송蘇頌은 수운의상대라는 천문기구에 시계時計를 장착한, 인류의 시계 역사상 최초의 기계시계機械時計(7m,7m,12m)를 발명하기도 했고, 원元대에 이르러는 서양의 과학문명을 수용하면서 서양의 천문학을 도입하고 회회천문대와 같은 서구적 천체 관측기구를 제작 설치하기도 했다. 이때 고대 그리스의 발전된 천문학을 도입하였고 동시에 이슬람 출신의 천문학자를 회회천문대장에 임명하기도 했다.

중국의 3대 발명품, 서양역사를 뒤집어 놓다

1620년 영국의 경험주의 철학자이자 과학자 그리고 정치가였던 프란시스 베이컨Francis Bacon (1521-1626)은 중세의 서양을 문명의 길로 인도하는 데 기여한 중국의 3대 발명품으로 나침반, 인쇄술, 화약을 꼽았었다. 중국의 이 3대 발명품들은 14세기에 접어들면서 몽골제국의 서구 침략을 통하여 서구사회로 전해졌다고 주장한다. 물론 이 주장은 이미 중국을 대상으로 한 수많은 문헌들에 보고되기도 한 것들이다. 이들을 간략히 살펴보자. 먼저 나침반의 경우는 역사상 처음으로 중국 한漢 대(AD 3~6세기경)에 발명되어 상선이나 군함의 항해를 위한 측정기기로 사용했었다. 이 나침반 기술은 13세기 경 서구에 전수되어 선박의 장거리 항해술을 발전시키고 외국과의 다양한 문물교역은 물론 다수의 식민지를 갖게 되는 등 근세 서양문명이 세계적으로 일약 확장되는 계기를 맞게 된다.

그 다음으로 중국의 인쇄활자와 인쇄술의 발명이다. 중국에서 발전된 인쇄활자(1040)와 관련된 인쇄술은 15세기 경 서양에 전수되면서 서구의 인쇄혁명을 촉발하는 계기를 가져왔다. 한편, 우리나라는 이미 신라시대에 무구정광대다라니경 인쇄본이 발견되었는데, 이 발견을 통해 세계최초로 금속활자를 발명한 나라가 우리나라라는 사실도 확인되었다. 마지막으로 인류 문명의 발달과정에서 빼놓을 수 없는 발명품이 화약이다. 화약 또한 고대 중국에서 역사상 처음으로 발명되었는데(BC300), 그 제조법이 11세기에 접어들면서 세상에 알려졌고 이후 서양 문화권에서 이 화약의 확대 발전으로 중세 서양의 봉건사회가 붕괴되고 정치사회적으로 대변혁을 초래한 계기를 제공하기도 하였다. 화약과 문명과의 연관성도 주목해볼 필요가 있다.

고대 중국에서 발명되고 서구에 전수된 문명화의 핵심 3대 발명품인 나침반, 종이와 인쇄술, 화약과 화기의 발전으로 서양에서는 장거리 항해술과 관련된 장비가 활발히 개발되고 이들

의 영향으로 유럽에서의 르네상스가 촉발되는 원인이 되었다. 비슷한 관점에서 중국에서 발명된 비단과 도자기 등도 서양에 전수되어 서양의 문명화를 촉진하는 계기를 동양이 제공했다고 보아도 과언이 아니다.

이처럼 고대중국에서는 중요한 발명품뿐만이 아니라 다양하고 혁신적인 과학발명과 발견이 이어졌었다. 예를 들면, 금속주조기술(BC300), 온도조절 화로이용, 금속을 원하는 모양으로 주조하는 기술들이 14세기 경 서양에 전수되어 서양의 문명발전에 크게 기여하였다. 또한, 지진계(2세기 한漢대)를 발명하여 동양에서는 이미 지구는 둥글다는 지동설의 원리를 알고 있었다. 또한, 지구상에 존재하는 대륙의 수를 계산할 수 있었을 뿐만 아니라, 지구나 행성의 위도와 경도개념을 고안하기도 했다. 이런 기술 또한 서양에 전수되어 1848년경부터 서양에서 다양하게 지진계를 활용하는 지구 연구가 이루어지기도 했다. 종이 제조기술은 BC200년경 중국에서 최초로 발명되고 이후, BC 800년경에 이르러 아랍에 전파되었다. 12세기 서양에서는 종이를 아랍문명권으로부터 수입해 사용하기도 했으며, 서양이 독자적으로 종이 제조기술을 계승 발전시키기도 했다.

또 하나의 흥미로운 고대 중국의 발명품은 바로 로켓이다. 중국에서 로켓은 12세기 원元대에 처음으로 발명되었으며 폭죽을 쏘거나 전투용으로 사용하였다. 이후 다단계의 장거리 로켓도 선보이게 된다. 이 로켓기술은 1380년 서양에 처음 전파되어 이후 서양의 군사력 발전에 크게 기여하기도 하였다. 마지막으로 간략히 언급하고자 하는 고대 중국의 과학기술 중 눈에 띄는 것 하나는 서양의 뉴턴시대 훨씬 이전인 BC3~400년경에 관성의 법칙이 언급된다는 점이다. 묵경墨經의 구절에 따르면 '운동하는 물체가 정지하는 것은 움직임에 반대하는 힘이 있기 때문이다'고 얘기하고 있다. 묵가의 학자들은 이외에도 현대적 시각에서 보아도 참으로 놀랍기 만한 과학적 발견을 많이 했는데, 상당부분 역사적인 기록이 소실되어 사료로 입증할 수 없는 아쉬움이 남는다. 서양에서 관성의 법칙은 18세기에 이르러서야 발전 집대성 된다.

장영실을 등용한 세종은 열린계의 군주

중국의 과학기술과 비교해서 보잘 것 없는 수준이었지만 조선의 과학기술도 역사적으로 큰 반향을 일으켰다. 특히 세종시기의 과학은 중국은 물론 세계도 놀랄만한 수준이었다. 세종은 방대한 과학 사업을 진행했는데 특히 천문학과 역학분야에 주력하였다. 농업과 밀접한 관련을 가지고 발전하여 온 천문학, 역학은 4계절을 정하고, 1년간 할 일을 규정하는 사업으로써 제왕이 백성들에게 '은혜'를 베푸는 일이 되어왔고, 그런 이유로 인해 정부, 즉 왕이 관할하는 과학 분야가 되었다.

세종은 과학의 발전을 위해 파격인사를 단행한다. 관노신분인 장영실將英實을 등용한 세종대왕의 파격적인 인사는 상식과 경계를 허문 열린계의 대표적인 사례라고 할 수 있다. 장영실은 동래현 관청에서 일하는 노비였으나, 발명가로서 훌륭한 재주를 세종대왕이 인정하여 발탁하였다. 세종대왕은 발명가라는 적성을 중요하게 생각하는 실용주의자였다.

장영실의 본관은 아산牙山이다. 기생의 소생으로 태어난 장영실은 경상도 동래현의 관노 출신이라 그런지 정확한 출생일시는 알 수가 없다. 그러나 그는 어렸을 적부터 아주 치밀한 두뇌의 소유자라고 전해진다. 사물에 대한 관찰력 또한 뛰어났으며, 기계의 원리 파악에 남다른 재주가 있었고, 기계 등을 만들고 고치는 일에 능통했으며, 무기나 농기구를 제작하고 수리하는 등 금속을 다루는 일에 능숙했다고 한다.

장영실은 어려서부터 탁월한 재능을 발휘하여 주위로부터 인정받았고, 한양의 조정에까지 알려지게 되어 세종의 부왕父王인 태종太宗 때 발탁되어 궁중에서 일하게 되었다. 장영실이 관직에 오르게 된 것은 태종 때가 아닌 세종 때였다. 세종은 제련 및 축성, 무기, 농기구의 수리에 뛰어난 장영실을 가까이 두어 자신이 반드시 이루고자 했던 사업 중의 하나인 천문의기 제작 사업을 비롯한 과학진흥사업에 참여시키고자 하였다. 그러나 엄격한 신분제가 행해지던 당시에 노비출신인 자를 궁중에 두어 관리로 중용케 한다는 것은 상식 밖의 일이었기에 모든 문무文武대신들의 반대는 당연한 일이었다. 그러나 세종은 장영실과 같은 뛰어난 재능의 소유자를 놓치고 싶지 않았기에 대신들을 설득하여 결국 장영실을 등용하였다. 세종은 장영실을 1421년(세종 4년) 윤사웅尹士雄, 최천구崔天衢 등과 함께 중국에 보내어 천문기기의 모양을 배워오도록 했다. 귀국 후 장영실 나이 약 34세 때인 1423년(세종 5년)에 천문기기를 제작한 공을 인정받아 면천되었고 다시 대신들의 의논을 거쳐 상의원尙衣院 별좌에 임명되었다.(6)

장영실은 세종대왕의 명에 따라 1432년부터 1438년까지 이천李蕆의 책임 하에 천문 기구 제작 프로젝트에 참여한다. 그 과정에 수력에 의해 자동으로 작동되는 물시계인 자격루(일명 보루각루, 1434년)와 옥루(일명 흠경각루, 1438년)를 만들어 세종으로부터 총애를 받았다. 이때 제작된 옥루는 해가 뜨고 지는 모습을 모형으로 만들어 시간, 계절을 알 수 있고 천체의 시간, 움직임도 관측할 수 있는 장치로 흠경각欽敬閣을 새로 지어 그 안에 설치했다. 세종 15년(1433)에 장영실은 그 능력을 인정받아 5품이던 상의원 별좌에서 4품인 호군(護軍: 조선시대 5위의 정 4품 무관)에 오르는 영예를 안기에 이르렀다. 이 해에 혼천의渾天儀 제작에 착수하여 이듬해인 1434년에 완성하였는데 혼천의는 선기옥형璇璣玉衡 또는 혼의渾儀라고도 불리는 일종의 측각기로 적도좌

(6) 위키백과 참조

표를 관측하고, 천체의 위치를 측정하는데 쓰였던 의기였다. 혼천의는 지금도 만 원짜리 지폐 뒷면에 당당하게 자리 잡고 있다.

세종이 문화와 이성의 시대를 이끌며 조선시대 최고의 태평성대를 이룰 수 있었던 것은 능력 위주의 인재 사랑과 그만의 남다른 인사 시스템 덕분 일 것이다. 그의 인사 시스템은 파격 그 자체였고, 상식을 뒤집는 열린계였다. 세종은 끊임없이 숨어 있는 인재를 발굴하고 자신 못지않은 뛰어난 인재들을 적재적소에 등용, 그들의 재주와 생각이 절묘한 하모니를 이루도록 운용의 묘를 발휘했다. 세종의 열린계 인사정책의 대표적 인물이 자신의 정적이었던 황희정승과 동북공정과 대마도 정벌 등 큰 공을 세운 최윤덕 장군, 그리고 관노출신의 과학자 장영실이다. 세종은 노련한 정치가지만 남의 부탁을 잘 거절하지 못하는 성품을 가지고 있었다. 세종은 수많은 비리 스캔들의 주인공으로 사간원과 사헌부의 단골 탄핵 대상이었던 황희의 허물을 감싸며 끝까지 중용했을 뿐 아니라 천인 집안에서 자란 최윤덕을 발탁, 동북공정과 대마도 정벌 등 큰 공을 세우도록 해 좌左윤덕, 우右종서라는 평가를 받게 했다.

이처럼 인재등용에 있어 신분계급에 얽매이지 않는 것은 물론 제 아무리 허물이 커도 능력이 뛰어나면 기용하라는 철학을 가지고 있던 세종은 인재를 무척 아꼈던 탓에 능력이 확인되면 전폭적인 지원으로 끝까지 밀어주는 특유의 인사 스타일을 구사했다. 정치논리나 대의명분보다 능력을 우선에 둔 세종의 합리적인 인재 등용 방식은 열린계 리더의 모범적 사례를 보여주는 것으로 세종조의 혁신적인 프로젝트들을 성공으로 이끈 원동력이라 할 수 있다.

예수회, 동서양 과학기술의 열린 가교

16~17세기 유럽 예수회Jesuit Society가 중국 및 동양에서 펼친 선교활동의 부수적인 결과로서 중국과 서양세계의 과학기술 문명이 조우하는 계기를 제공했다는 점은 흥미롭다. 예수회 신부들은 중국에서 선교활동을 벌이면서 중국, 그리고 동양과 서구간의 전통적 지식, 과학기술, 문화의 교류와 전파에 핵심적인 역할을 담당했다. 예수회는 서구의 과학, 수학, 천문학, 서양력, 수동력학, 그리고 지질학 등을 전파하면서 중국의 과학적 탐구의 동기를 부여해주었다. 예를 들어 예수회 신부인 슈렉Johann Schreck은 서구의 기계공학에 대한 다양한 지식을 한자책으로 발간해 중국의 일반 대중에 소개하였다(1627). 또, 리치(Mateo Ricci with sabatino de Ursis, 1575–1620) 신부는 서양의 유클리드 기하학, 수력학, 개기일월식 예측법, 서양의 태양력 계산법을 이용하여 중국의 음력 달력을 개편하는 등 중국에 서양의 다양한 과학기술, 수학, 천문학, 그리고 예술을 전파했다(1582).

아담 샬(Johann Adam Schall, 1591–1666) 독일계 예수회 신부는 중

국 청대의 순치順治 황제의 자문관역으로 중국에 서구형 수학 학교를 세워 천문학을 소개하고 중국형 달력을 개발해 주었다. 순치 황제 서거 후에는 중국의 많은 사료를 로마 바티칸의 도서관에 전해주기도 했다. 이즈음, 게비용Jean-Francois Gerbillion 신부, 부베Joachim Bouvet 신부 등은 서양의 의술을 전파하여 청대 강희康熙 황제의 질병을 고쳐주기도 했다(1694). 여기에 언급한 사례들은 수백여 명의 예수회 신부들이 수백 년에 걸쳐 중국에 다년간 체류하면서 전파한 서구문명과 과학기술의 극히 일부에 지나지 않는다.

또한 예수회는 서양의 문화와 과학기술을 중국에 전파하는 동시에, 당시 서구보다 더 찬란했던 중국의 제반 지식문명과 과학기술을 매우 적극적이고 활발하게 유럽에 실어 날랐다. 리치 신부는 그의 저서『중국에서 가톨릭의 모험*De Christina Expeditionne apud Sinas*』에서 공자의 사상을 상세하고 깊이 있게 소개했다. 그는 또한 후기에리Michelle Ruggieri 신부와 함께 공자의 4서 3경을 불어로 번역하여 서양에 소개했다. 이후 수대에 걸쳐 중국을 체험한 서양 예수회 신부들(Phillipe Couplet 신부, P. Intorcetta 신부 등)이 공자사상을 종합적으로 수집 · 분석하여 불어로 편찬하여 이를 서구에 알렸다(1687). 이후에도 다수의 유사한

공자 및 맹자와 관련된 저술이 출간되어 서구에 전달되었고, 그 결과 서양에서는 공자의 사상과 가톨릭 사상을 철학적으로 접목하려는 시도가 계속되어 왔다.

또한 아미오Joseph-Marie Amiot 신부는 중국어판 불어사전을 저술(1789)하는 과정 중에 중국의 광범위한 과학기술을 서구에 전파했다. 아미오 신부는 중국의 과학과 예술 분야에 대하여 무려 15권의 저술(1771–1791)을 집필하여 서구에 소개하였으며, 이후에도 다수의 유사한 저술을 출간했다. 또한 지도 제작에 전문성을 가졌던 예수회 신부들이 중국에 오랫동안 체류하고 중국 전역을 탐방하면서, 천문 관측을 통하여 중국 지도를 작성하고 지도상에 위도와 경도를 상세하게 기록하기도 했다.

중국 선교활동에 투신했던 예수회 신부들 가운데 부베 신부와 독일의 수학자이자 철학자이던 라이프니츠Gottfried Wilhelm Leibniz가 교환했던 학문적 서신들 또한 고대 중국의 과학기술의 수준을 이해하는데 도움이 되는 사례다. 천문학과 수학에 능했던 부베 신부는 1687년 프랑스 과학원의 요청으로 중국에 선교활동을 펼쳤다. 동시에 프랑스 루이 14세로부터 중국의 천문을 관찰하고 여러 지역을 탐방하면서 지리적 위치와 과학적 데이터를 수집하라는 명령을 받는다. 부베 신부는 이와 같은 프랑스 황제의 명에 따라 6명의 동료 예수회원과 함께 중국에 파견되어, 다년간의 선교활동과 부여받은 임무를 수행했다. 1688년 부베 신부 일행은 북경에 도착하여 강희제의 궁에 머물면서 통치에 필요한 조언을 전달했을 뿐만 아니라, 강희제의 전기를 작성하기도 했다. 부베 신부는 이 과정에서 접한 중국의 64괘진법에 깊은 관심을 갖게 되는데, 당대 유럽에서 최고의 수학자이자 철학자였던 라이프니츠와 지식적인 서신을 교환하게 된다(1701).

당시 이원론적 신학과 철학에 심취해있던 독일의 수학자 라이프니츠는 17세기 초 2진법을 고안했다. 그리고 부베 신부는 이러한 라이프니츠에게 서신을 통하여 중국의 64괘진법을 소개하였다. 부베 신부는 기독교적 도그마와 중국의 고전, 태극, 양의, 사상, 8괘, 괘명, 자연현상을 해석하려는 64괘진법에 2진법이 함축되어 있다는 내용 등을 라이프니츠에게 알리면서, 동시에 중국의 동양철학 사상 및 공자사상을 기독교사상과 비교하는 내용의 서신들을 오랫동안 교환했다. 부베 신부와의 편지 교환을 통해 라이프니츠는 중국의 주역사상을 배우고 괘상을 터득해 그 내용을 소개하게 된다. 이후 1697년, 라이프니츠는 파리 과학학술원에 보다 체계화한 2진법적 정수론을 보고 한다. 이와 같이 중국의 과학문명을 서구에 전파하는데 있어서 중국에 장기간 체류하며 선교 활동을 하던 예수회 신부들의 역할은 중요한 것이었다. 예수회에 의해 중국과 서구 사이의 과학문명 교류는 포괄적이고 체계적으로 수행되었다.

중국 고유의 과학기술이 서구로 전파되다가, 점차로 인류 과학기술의 주도권이 중국으로부터 서양으로 넘어갔던 역사는 참으로 흥미롭다. 반면에 중국의 사신이나 학자들이 서구 열강에 파견되었지만 서구의 문명과 과학기술이 중국과 동양에 전파되지 못했다. 이러한 동서양 교류활동에 있어서의 비대칭성은 다시금 개인이나 국가 또는 문명권의 열린 자세가 다른 문명을 수용하는데 얼마나 중요했던가를 가늠해 볼 수 있게 해준다.

중국보다 늦은 서양 과학혁명, 중국을 앞지른 열린 혁명

기원전으로부터 15세기까지의 서양은 상대적으로 동양(중국)에 비하여 과학기술의 수준이 보잘 것 없었다. 그러나 앞서 언급한 것처럼 열린 자세로 탐험정신을 보였던 서양인들은 자기들보다 훨씬 앞섰던 중국의 과학기술을 포괄적이면서도 주도면밀하게 받아들이게 된다. 예로부터 중국은 영토가 광활하여 그 자체로 닫힌 세상이었고 중국 밖의 열린 세상을 적극적으로 알아야할 동기가 적었다. 반면 서양은 작은 크기의 국가들로 접해있어 국가 간의 문물 교환이나 문화를 배우는데 있어서 열린 자세의 중요성을 간파했다. 그 결과, 15세기까지 서양에 전파된 중국의 과학기술은 서양의 과학 기술자들에 의하여 확대 발전된다. 그리고 16~7세기부터 시작된 인류의 '과학혁명Scientific Revolution'이나 과학진보의 덕택으로 일어난 '산업혁명Industrial Revolution'은 동양이 아니라 서양에서 주도적이고 광범위하게 일어나게 되었다.

서양에서 16세기부터 18세기까지 200년 이상 진행된 과학혁명과 산업혁명은 지금까지의 인류 역사상 발생했던 과학기술의 진보와는 비교할 수 없을 만큼 엄청난 것이었다. 서양에서 일어난 근대의 과학혁명은 서양의 현대과학과 기술의 주도권으로 이어진다. 과학혁명에 핵심적으로 기여한 서구의 과학자나 기술자는 실제로 무수히 많다. 여기서는 독자들의 이해를 돕기 위하여, 다소간 논리의 비약이 될 수 있음을 감수하면서, 몇 명의 핵심적인 과학자들을 언급하고자 한다. 그들은 코페르니쿠스Copernicus, 갈릴레오Galilei Galileo, 그리고 케플러Kepler, 그리고 나중에 검토할 아이작 뉴턴Issac Newton이다. 16~18세기 서구의 과학혁명 시대에 코페르니쿠스는 지동설을 제창하였고, 이는 케플러의 천문 계산과 갈릴레오의 천문 관측결과를 통하여 사실임이 입증된다. 갈릴레오에 의해 서구에서도 처음으로 물체의 운동을 기술하는 역학mechanics 체계의 초안이 만들어졌고, 이후 고전역학은 뉴턴에 의해 집대성된다. 이와 같은 새로운 과학적 · 철학적 논리는 과거 서양의 과학철학을 지배하던 아리스토텔레스적인 고대 물리학과 고대 천문학을 전면 부정하는 사건들이었다.

다시 간략히 요약하면 코페르니쿠스에 의하여 수학에 근거한 천문학과 광학이 태동하게 된다. 코페르니쿠스는 자신의 연구결과를 『천체의 회전운동에 관하여*De revolutionnibus orbium Coelestium*』에 집대성하여 세상에 알린다. 갈릴레오에 의하여 천체물리학이 한층 진보되고 그의 천문학적 연구결과인 지동설Heliocentric Cosmos의 과학적 확신이 당시대를 지배하게 된다. 이미 너무나 잘 알려진 사실이지만, 갈릴레오의 지동설은 로마 교황청의 천동설을 과학적으로 뒤엎는 역사적 사건이다. 교황청 종교재판에 서게 된 갈릴레오가 사형을 면하기 위하여 재판장에서 천동설은 맞고 지동설은 과학적으로 틀린 사실이라 증언하고 재판장을 나서면서 "그래도 지구는 돈다"고 반발하며 말했던 고뇌를 이해할 수 있을 것이다. 그 이후에도 갈릴레오는 망원경을 발명하고 맥박계와 물체의 운동법칙을 제안하는 등 과학 혁명의 핵심적 단초를 제공한 과학자라 할 수 있다. 다음으로 케플러는 태양계를 발견하고 우주과학을 더욱 집대성한 학자로 추앙받고 있다. 또한 케플러는 『우주의 신비*Mysterium Cosmographicum*』라는 저술을 통하여 평생 연구해온 천문학과 수학, 광학과 천체물리를 집대성하게 된다. 그는 신학과 메타과학에도 몰입하면서 후세에 이런 유명한 말을 남긴다. "과학은 비종교적이며, 종교는 비과학적이다"

앞서 언급한 과학자들만이 아니다. 이 기간 동안에 길버트

Gilbert는 자기磁氣에 대한 과학적 연구를, 파라켈수스Paragelsus는 의과학의 진보를, 그리고 베살리우스Besalius는 인체 해부학을 체계적으로 발전시켰다. 또한 하비Harby에 의해 인체의 혈액순환에 대한 과학적인 원리가 밝혀져 이후 생리학의 기초가 완성되기도 했다. 그뿐만 아니라 현미경을 이용하여 생물의 성장을 연구하기 시작했고, 이론화학을 검증하는 실험적인 연구도 시작되었다. 이와 동시에 뉴턴과 라이프니츠에 의하여 근대 과학적 탐구와 해석의 기초가 되는 미적분학이 탄생 및 발전하게 되었다. 이와 같은 혁명적 진보의 덕택에 서구에서 과학의 새로운 목표는 자연현상을 있는 그대로 관찰하고, 그것으로부터 자연 현상의 객관적이고 과학적인 진리를 규명하는 수준에 이르게 되었다.

뉴턴, 튜링, 노벨 –

서양의 과학반란을 주도한 열린계 리더

16~18세기 과학혁명의 결과, 서구 문명의 패러다임을 바꾸게 되는 수많은 과학적 진보나 종전까지의 고전적 주장을 뒤엎는 과학적 반란이 이어졌다. 핵심적 기여를 한 과학자들의 이름을 두서없이 나열해 본다면, 앞서 언급한 만유인력의 뉴턴, 망원경의 갈릴레오, 전자기학의 패러데이Mechael Faraday, 진화론의 다윈Charles Darwin, 열에너지의 줄Prescott Joule, 열역학의 켈빈Baron Kelvin, Sir Thompson, 주기율표의 멘델로프Mendeleev, 무선통신의 테슬라Nicholas Tesla, 원자핵과학의 보어Niels Bohr, 빛의 파동의 슈뢰딩거Shreodinger, 디락Paul Dirac, 상대성원리의 아인슈타인Albert Einstein, 인공지능의 튜링Alan Turing, 다이너마이트의 노벨Nobel, 페니실린의 플레밍Flemming, 그리고 테플론 접착제 및 포스트-잇Post-It과 관련된 '실패의 성공학' 등을 예로 들 수 있다.

뉴턴은 평생 연구를 집대성한 『자연철학의 수학적 원리』rincipia, 1687를 영국 왕립학회에 보고했다. 이후 광학1704, 미적분학을 창시하고 지구의 중력을 발견했으며 동역학과 만유인력을 발견하는 등, 서구 과학 혁명의 핵심 과학자로 인정받고 있다. 당시 영국에서는 뉴턴을 인류역사의 새로운 모세new Moses로까지 추앙하기도 했다. 다윈은 실험과 자연관찰을 통하여 인류역사상 최초로 생명체의 종의 기원1859, 식물교배1876, 생물의 진화론, 자연도태설, 유물론적 무신론을 주장했다. 특히 기독교 창조론과 대조적인 이론인 진화론을 제안하여 인류역사에 한 획을 그은 과학자로 기록된다.

러시아의 과학자 멘델로프는 모든 화학물질의 원소를 체계적으로 집대성하고 정리한 원소의 주기율표Periodic Table을 제안했다. 흔히 다재다능한 만능인을 르네상스인이라 부르는데, 바로 멘델로프에게 적합한 말이다. 그는 화학의 문법인 주기율표를 통해 지금까지 발견된 모든 화학 원소들을 원자번호로 나열하고, 기본원소들의 성질이 주기적으로 변화하는 것을 집대성하여 근대 화학이론의 근간과 산업발전에까지 획기적으로 공헌하게 된다. 또한 인류역사에 엄청난 진보를 가져온 전기와 무선통신의 개발자 테슬라를 기억할 필요가 있다. 테슬라는 전기를 이용하는 거의 모든 장치를 개발했다고 해도 과언이 아니다. 그는 레이더, 형광등, 헬기의 시초, 네온사인, 스피드

메타, 자동차 점화장치, 무선조정 보트, 전자레인지, 전자현미경, 무중력장치 등 무수한 발명을 이룩했다. 평생 연구노트 분량이 무려 8톤 트럭 60대 분량에 이른다고 하니, 테슬라가 인류 과학에 공헌한 점은 더 이상 언급하지 않아도 좋을 것이다.

컴퓨터가 발명되고 인류생활에 있어 핵심적인 문명의 이기로 자리잡기 시작하면서, 인공지능분야에 핵심적으로 기여한 튜링을 생각하지 않을 수 없다. 튜링은 흔히 컴퓨터공학의 아버지로 칭송되었는데, 동시에 당대 과학의 수준에서 너무 앞서 가버렸기에 오히려 무시 받았으며 한때는 버림받기까지 한 비운의 수학천재다. 그는 암호해독론을 제안하고, 인공지능이론을 완성하기도 했다. 또한 인공 생명론을 주창하기도 하고, 당시 혁명적인 아이디어인 컴퓨터 사용설명서를 집필하고, 컴퓨터 게임과 컴퓨터 음악론 등 실로 광범위한 과학기술의 이용분야에 기여한 기술자다. 또 많은 이들에게 잘 알려진 과학자 노벨이 있다. 그가 만든 다이너마이트가 인류 문명의 발전에 기여한 대목은 실로 괄목할 만하다. 노벨은 액체 니트로글리세린의 취급상의 위험성을 제거한 고체폭약을 발명했는데, 지금까지도 각종 광산개발, 탄광개발, 터널공사, 토목공사 등에 그의 고체폭약이 사용되고 있다. 또한 노벨이 평생의 재산을 내놓아 노벨상을 만든 공헌도 중요하다.

전쟁에서 발생하는 부상병은 쉽게 세균에 감염되어 사망하게 되는데 세계 대전 중에 감염으로 인한 부상 사망자의 숫자는 엄청났다. 이후 페니실린의 개발은 인류를 질병으로부터 해방시키는데 있어 중요한 공헌을 하게 된다. 이 항생제는 세인트 메리 의대에서 수학한 영국의 플레밍에 의해 발명되었다.(1928) 세계 2차 대전 중에 독일의 제약회사 파이자 사社에 의해 대량으로 생산되기 시작했으며, 지금까지 세균 감염에 의한 질병 치료에 핵심의약으로 이용되고 있다.

마지막으로 20세기말 우연히 개발된 테플론 접착제 포스트-잇Post-it에 대한 '실패의 성공학'을 살펴보자. 미국 3M사의 연구소 과학자 실버Spencer Silver는 강력한 접착제를 개발하는 연구개발 과정에서 실수로 너무 잘 붙기도 하고 쉽게 잘 떨어지기도 하는 부실한 테플론 접착제를 개발했다. 초기에는 실패작으로 분류되던 이 접착제는 우연한 기회와 생각으로 새롭게 변모하게 된다. 3M의 상업용 접착제사업부의 과학자 프라이Art Pry는 테플론 접착제를 이용해 포스트-잇을 만들었는데 어디에나 잘 붙고 떼어낼 때 종이가 손상되지 않고 잘 떨어지는 용도로 수많은 실험 끝에 상품화되었다. 포스트-잇은 이후 미국의 AP통신에서 발표한 '20세기 10대 위대한 상품'으로 선정되기도 했다.

인류 문명의 패러다임을 바꾸게 되는 계기를 제공한 과학 기술적인 반란, 그리고 이를 수행한 모든 과학자들이 동양이 아니라 서양으로부터 나왔다는 사실을 다시 한 번 살펴볼 필요가 있다. 또한 서양에서도 폐쇄성이 높은 정치 형태인 공산주의가 고착된 나라에서는 과학적 반란이 드물었다는 사실에 주목해야한다. 어째서일까? 그리고 중국, 일본 한국 등 비교적 과학기술이 다른 아시아 국가들에 비하여 발전했다는 나라에서도 그러한 과학적 반란이 없었던 이유는 무엇일까? 그것은 서양에서는 자유스런 사고를 존중하는 반면, 동양에서는 관료중심적이고 비개방적인 특성이 있기 때문이 아닐까 한다.

■ 인류 문명사를 바꾼 100대 과학사건[(7)]

1 불의 이용 / 구석기시대

2 금속의 발견/ 신석기시대

3 바퀴의 발명 수메르인/ B.C 3500년 경

4 그리스 자연철학의 시작/ B.C 6~7세기

5 피타고라스 정리의 증명/ B.C 6세기

6 고대 원자론 데모크리토스/ B.C 5세기

7 히포크라테스의 의술/ B.C 5세기

8 아리스토텔레스의 자연철학/ B.C 4세기

9 기하학 원론 유클리드/ B.C 4세기

10 종이의 발명 채륜/ 105년

11 프톨레마이오스의『알마게스트』/ 2세기

12 숫자 0의 발견/ 5세기

13 나침반의 발명/ 11세기

14 금속활자 등장/ 1232년

15 신대륙 발견 콜럼부스/1492년

16 지동설 코페르니쿠스/ 1543년

17 새로운 해부학 베살리우스/ 1543년

18 그레고리력 그레고리우스 13세/ 1582년

19 현미경의 발명 얀센/ 1590년

20 온도계의 등장 갈릴레이/1593년

21 자석 연구 길버트/ 1600년

(7) 이정임,『인류사를 바꾼 100대 과학 사건』, 학민사, 2011, pp. 16~377.

22 케플러의 1 · 2 법칙/ 1609년
23 천체망원경 제작 갈릴레이/ 1610년
24 혈액순환 이론 하비/ 1628년
25『2대 체제에 관한 대화』발간 갈릴레이/ 1632년
26 과학방법론 정립 베이컨 · 데카르트/ 1637년
27 진공과 대기압에 관한 실험 토리첼리/ 1643년
28 파스칼의 원리/ 1653년
29 세포의 발견 훅/ 1665년
30 미적분법의 발견 뉴턴/ 1669년
31 고전역학 성립 뉴턴/ 1687년
32 증기기관의 탄생 뉴커먼/ 1712년
33 생물의 분류체계 확립 린네/ 1735년
34 방적기 등장 아크라이트/ 1768년
35 동물전기 발견 갈바니/ 1780년
36 쿨롱의 법칙/ 1785년
37 연금술 헬레니즘 시대/ 18세기
38 화학 혁명 라부아지에/ 1789년
39 종두법 시행 제너/ 1796년
40 전지의 발명 볼타/ 1800년
41 육상 운송수단의 혁명 트레비딕/ 1803년
42 전등 발명 데이비/ 1806년
43 원자설 등장 돌턴/ 1808년
44 기체 반응의 법칙 게이뤼삭/ 1808년
45 아보가드로의 법칙/ 1811년
46 요소유기화합물 합성 뵐러/ 1828년

47 비유클리드 기하학의 탄생 로바체프스키/ 1829년

48 지층의 원리 정립 라이엘/ 1830년

49 전자기 유도법칙 패러데이/ 1831년

50 사진의 탄생 다게르/ 1839년

51 에너지 보존의 법칙 마이어/ 1842년

52 외과수술의 시행 워렌/ 1846년

53 절대온도 개념 성립 켈빈/ 1848년

54 제강법 개발 베세머/ 1855년

55 진화론 다윈/ 1859년

56 냉동법의 이용 해리슨/ 1859년

57 내연기관 르누아르/1860년

58 전자기학의 기본방정식 성립 맥스웰/1864년

59 멘델의 유전법칙/ 1865년

60 열역학 제2법칙과 '엔트로피' 클라우지우스/ 1865년

61 다이너마이트 발명 노벨/ 1866년

62 대서양 횡단 해저 전신케이블/ 1866년

63 콘크리트 제조 모니에르/ 1867년

64 주기율표 완성 멘델레예프/ 1869년

65 전화의 발명 벨/ 1876년

66 세균병인론 파스퇴르/ 1878년

67 대형 발전기의 등장 에디슨/ 1882년

68 자동차 발명 다임러 · 벤츠/ 1885년

69 전자기파 확인 헤르츠/ 1888년

70 영화의 등장 뤼미에르 형제/ 1895년

71 X선 발견 뢴트겐/ 1895년

72 방사능 발견 베크렐/ 1896년
73 무선통신의 등장 마르코니/ 1897년
74 전자 발견 톰슨/ 1897년
75 양자가설 플랑크/ 1900년
76 무의식의 심리학 프로이트/ 1900년
77 인간 혈액형 발견 란트슈타이너/ 1901년
78 비행기의 발명 라이트 형제/ 1903년
79 진공관 발명 플레밍/ 1904년
80 상대성이론 등장 아인슈타인/ 1905년
81 플라스틱의 합성 베이클랜드/ 1905년
82 초전도 현상 발견 오네스/ 1911년
83 대륙이동설 등장 베게너/ 1912년
84 초파리 돌연변이 실험 모건/ 1915년
85 라디오 정기 방송의 시작 웨스팅하우스 KDKA/ 1920년
86 양자역학의 성립 하이젠베르크(행렬역학)/1925년 슈뢰딩거(파동역학)/ 1926년
87 페니실린 발견 플레밍/ 1928년
88 우주의 팽창 발견 허블/ 1929년
89 입자가속기 건설 코크로프트와 월턴/ 1932년
90 텔레비전 정기 방송의 시작 괴벨스/ 1935년
91 원자로 건설 페르미/ 1942년
92 최초의 원자탄 폭발 오펜하이머/ 1945년
93 컴퓨터 ENIAC 발명 모클리와 에커트/ 1946년
94 탄소14 연대측정법 리비/ 1952년
95 DNA 구조 규명 왓슨과 크릭/ 1953년

96 최초의 인공위성 스푸트니크 발사/ 1957년
97 인류의 달 착륙 암스트롱과 올드린/ 1969년
98 시험관 아기 탄생 스텝토와 에드워즈/ 1978년
99 인터넷의 등장 ARPA/ 1983년
100 복제양 돌리 탄생 윌머트와 캠벨/ 1996년

■ 인류文明史와 함께한 꿈의 소재는 어떤 것들이 있을까요?(8)

① 철, 비철, 프라스틱, 세라믹
② 나일론
③ 합성고무
④ 트랜지스터, 반도체
⑤ 초전도체
⑥ 슈퍼원소 C(흑연, 다이아몬드, 플러랜, 그래핀)
⑦ 다양한 백신

(8) Google Wikipedia를 가로지르며 다시 정리한 내용임.

동서양 과학의 닫힘과 열림

현대 인류사회의 과학과 기술은 여전히 서양이 주도하고 있다. 어찌 보면 도저히 후발주자가 따라 갈 수 없을 만큼 그 격차가 더욱 심해지고 있다. 근대 과학적 사고와 기술혁신을 통해 성취한 물질문화는 세계를 바라보는 절대적 기준이 되었다. 과학기술이 서양인의 비서양인에 대한 우월의식과 식민정책을 뒷받침하는 자원화(계몽주의, 인종주의, 제국주의의 지적 담론)에 이용되고 있다는 사실은 과학자로서 참 서글프다. 그러나 무엇보다 중요한 것은 과학기술을 이용해 자연을 통제하는 인간존재를 그 외의 자연보다 우월하다고 인식하는 인간중심주의에 있다. 모든 기준이 인간이라는 생각은 그 이외의 대상을 사물화 · 물질화하며, 도구적 수단으로 간주할 뿐이다. 이러한 사고가 불러온 목적론적 자연관, 기계론적 자연관은 끔찍한 환경오염이나 인간소외현상 등을 불러온다.

서양 과학의 핵심을 이루고 있는 합리론, 이성론 등의 서구사상은 세계를 일종의 부품으로 보고, 그것들이 어떻게 연결되어 있는지에 대하여 단순히 기계론적 필연성으로만 설명할 뿐이다. 이처럼 기계론적인 자연관으로 무장한 서양의 과학은 이제 더 이상 그 힘을 지속할 수 없을 것이다. 이러한 과학의 문제는 과거 동양의 과학이 서양의 과학에 자신의 자리를 넘겨준 점에서도 알 수 있다. 천문학(점성술), 연금술, 종이와 인쇄술 등은 중국에서 먼저 발명되었다. 마르크스는 이것들을 '자산계급사회의 도래를 예고한 3대 발명'이라 불렀고(마르크스, 『기계: 자연력과 과학의 응용』, 1861-1863), 프란시스 베이컨은 "이들 3종의 물건은 전 세계 사물의 양상과 상태를 완전히 바꾸어 놓음으로써, 기계적 발명 그 이상으로 인류의 사업에 커다란 힘을 떨치고 깊은 영향을 미쳤다"고 말했다.(9) 그런데 그토록 대단했던 중국의 과학은 어째서 오늘날 서구 및 기타 문명권에게 무릎을 꿇고 예전의 명성을 되찾지 못하는 것일까? 평생 중국을 연구한 영국의 생화학자 니담도 오늘날 후퇴해버린 중국의 과학에 대해 아쉬워했을 것이다. 화려한 과학 문명이 발달했던 중국은 왜 서구에 밀리게 되었을까? 근현대과학이 왜 중국에서 생기지 않았는가에 대한 원인규명은 니담이 쓴 거작 『중국의 과학과 문명』에서 검토하고 있는 중요

(9) [J. 니담, 『중국의 과학과 문명』 제1권(서편)]

과제 가운데 하나다. 중국의 과학은 사장돼 버리고 서양의 과학에 그 지위를 물려줘야 했던 이유는 현대 동양의 과학기술이 발전하지 못하는 이유와도 유사한 것 같다.

말하자면, 동양에서 연장자를 존경하는 유교 전통(젊고 유능한 학자보다는 실력은 없으나 나이 든 학자를 지원하는 예의중심의 사회 풍토)은 젊은 과학자들의 자유로운 사고의 폭을 제한한다. 동양의 근대 사회 형성은 과학적 합리성과 논리에 근거해 있지 않았으며, 지배논리로서의 관료주의가 그 핵심을 이루어 왔다. 관료중심적인 사회에서는 과학적 논쟁과 지적 토론문화가 활발해 질 수 없다. 동양의 근현대 사회발전의 핵심이 과학적 합리주의가 아니라 관료주의인 것이 문제다. 근대 서구사회의 틀은 16세기 이후의 과학혁명과 산업혁명의 결과, 필연적으로 과학적 합리성과 논리 위에 사회 형성과 발전을 이룩해 왔다. 이것은 동양의 근대 사회 형성과는 판이하게 다른 토대이다. 이러한 관점에서 서양사회의 과학적 토대와 전통을 체계적으로 이해할 필요성이 절실함에도, 현실은 그렇지 못했다. 서양인은 스스로 선택한 내적 기준을 통해 연구할 때 효율과 능력을 발휘하는데 반하여, 동양은 타인(전통)이 정해준 것을 습득할 때 효율과 능력을 발휘하는 듯하다.

어찌 보면 지금까지 동양인은 타인의 평가에 민감했고, 그 결과 비창조적이고 비독창적인 교육을 받아왔다. 이와 같은 교육적 전통이 쉽게 개선될 것 같지 않은 우리 사회 현실이 참 아쉽고 암울하다. 현대적이고 창의적인 태도를 존중하는 서양에 비하여, 과정보다 결과에 치중하는 동양적 학문 전통은 시급하게 개선되어야 한다. 아울러 과학기술자가 대접받아 온 서양사회의 오랜 전통과는 달리 동양의 인문적인 관료주의 중심사회는 현대적 사회 발전의 저해 요인이라 해도 좋을 것이다.

국가고시에 과학과목을 신설하면 어떨까?

지금 우리가 살고 있는 21세기는 그야말로 지식기반의 사회이며, 그 기반을 이루는 토대에서 과학기술은 핵심적인 지식이다. 이점만큼은 인문학을 중시하는 어떤 문학적 지식인도 부정하지 못할 것이다. 과학기술은 무역수지와 경제성장을 가늠하는 핵심기반으로 국가 경쟁력을 좌우하는 요체다. 자연과학, 응용과학, 공학 및 생산기술의 진보가 산업발전을 견인하고 발전을 가속화하는 실질적인 동력이라 할 수 있다. 그러나 해방 이후 지금까지의 우리사회에서 과학기술의 교육과 연구는 어떠했는가?

과학기술인의 양성이나 연구 개발에서는 인내심을 가지고 기다려 주지 못하고, 단기간의 연구 성과 중심 시스템으로 점철되어 왔다. 연구비 지원은 관료화되어 비효율적이며, 창의적인 인재개발에 있어서도 소홀했다. 그 원인은 관료적인 획일적 평가와 개인이 지닌 특성을 무시하는 태도에 있다. 정치권, 그리고 교육당국의 관료적(고시권력) 의사결정은 후진성을 면치 못하고 있다. 또한 과학기술의 개가를 위해서는 천문학적인 재원을 필요로 한다. 대학 역시 과학기술 교육에 필요한 재원을 수요자 부담이라 할 수 있는 학생들의 등록금에만 의존해서는 안 된다. 독일처럼 과학기술의 정진에 필요한 기본적인 재원은 국가의 책무라는 국민적 합의하에 국가적인 재원투입이 필수적이다.

우리나라의 연구개발 투자는 세계 6위라 한다. 그러나 대부분의 연구 개발투자는 기업으로 흡수되고 있으며 대학에 투자되는 재원은 매우 제한적이다. 그런 이유로 현재까지는 외형적/양적 성장(총 연구개발투자, R&D 예산증가율, 연구원 수, SCI 등재 논문 수, 국제 특허출원 수)에도 불구하고 과학기술의 질적 수준이나 국제 경쟁력은 전반적으로 하락하고 있다. 현재 우리나라가 보유하고 있는 세계 최고 수준의 원천기술 보유건수는 거의 전무하다. 또한 관료중심의 사회적 분위기 속에서 아직까지도 과학 기술인에 대한 사회적 인식이 좋지 않은 편이다.

그렇다면 이러한 과학기술에 있어서의 국가적 위기를 극복할 수 있는 대안은 무엇일까? 가능한 수많은 대안 중 몇 가지만 나열해보면 다음과 같다. 먼저 국가의 연구개발 지원 예산에 있어서 구조적인 혁신이 필요하다. 예를 들면 산업 경제적 응용 연구개발비의 투자는 기업주도로 변화되어야 한다. 이제 우리나라의 연구개발 분야 지원은 원천기술과 관련된 기초과학기술 연구Prime Mover형 연구를 지향해야 하며, 최근까지 우리나라가 열심히 추구해온 선진국 기술 모방형의 기술 추격형Fast Follower 분야의 연구지원은 축소할 필요가 있다.

우리나라가 지난 반세기 동안 기술 추격형의 연구지원을 통해 기술 부국이 되도록 기여한 데에 있어서는 정부 정책과 국가 공무원의 역할이 지대했다. 그러나 지금은 국민의 수준이 높아지고 과학기술이 융합화되면서, 과학기술의 변화와 혁명 주기가 단축되고 기술의 효용주기가 짧아진 세상이다. 따라서 과학기술에 근거한 경제활동의 순환주기가 빨라졌으므로 국가를 경영하는 공무원의 과학기술 수준 또한 재고되어야 한다. 각종 국가고시를 통해 선발하는 공무원은 그 분야를 막론하고 기초 시험과목에 과학기술 과목을 포함시키는 방법도 생각해 볼 수 있다.

인문학은 과학기술의 위기를 해결할 수 있을까?

우리사회의 과학과 테크놀로지의 위기를 바라보면서, 우선은 우리사회를 형성해온 역사적인 특징과 현재의 사회제도적인 차원에서 위기의 단초와 부분적인 해답을 찾아볼 수 있다. 그러나 그보다 더 근본적으로 우리 사회의 발전적 함의에서 과학기술의 위기는 과연 어디에서 찾아볼 수 있는가? 우리의 과학기술은 서양에서 주도된 수백 년 전 과학기술의 시작과 발전에 의해 출발한 것이 사실이다. 그렇다면 우리 사회의 과학기술의 위기 또한 바로 서양 과학기술의 큰 그늘에 머무는 현실로부터 어떻게 우리식으로 벗어날 수 있는가에서 출발해야 한다.

필자는 공학을 전공하고 평생을 전공분야에서 학생들과 연구해온 학자로서 이러한 우리의 현실에 대하여 나름 많은 고민을 해왔다. 과학과 기술이 지닌 전문성, 그리고 과학적 논리와 합리주의가 간과하고 있는 것은 무엇인가, 아울러 인문사회학에서 지속적으로 지적되는 과학기술의 폐해는 어떻게 다루어야 하는가.

이성과 논리 중심주의 과학기술 사상은 지난 수백 년간 자연과 인간을 이분법적으로 구분하고 세상의 문제들을 인과성을 통해 설명하려 해왔다. 과학의 직선적 사고에서 배제되거나 소홀히 다루어진 기타 영역들은 마치 우리 사회를 혼란시키는 미신이나 신비주의로 치부되어 온 것도 사실이다. 이러한 폐해는 여전히 과학적 합리주의라는 미명하에 사회문화의 곳곳을 지배하고 치명적인 해악을 끼치고 있으며, 많은 인문사회학자들은 이러한 위험을 민감하게 인식하고 지적해왔다.

예를 들면 칼 융Karl Jung은 그의 자서전『칼 융 : 기억, 꿈, 사상』에서 과학적 이성주의와 일종의 과학적 교조주의가 마치 세상 모든 것들에 대해 논리적 해답을 가지고 있는 것처럼 주장하고 있기 때문에 이점이야말로 바로 우리 시대의 질병이라고 말하기도 했다. 그렇다고 과학적 합리주의와 이성주의를 지금 시대에서 배제할 수는 없는 것이 현실일까? 아니다. 우리는 과학과 관련된 기술이 정신적으로 올곧게 자립할 수 있도록 이와는 다른 원칙을 추구하여 그 한계를 극복해야 한다. 그 원칙은 무엇일까? 나는 그 해답을 단일한 사고가 아닌 다양한 사고, 또한 쓸모없을지도 모르는 인문학에서 찾을 수 있다고 믿는다. 인문학이란 무엇인가? 인간과 인간의 근원문제, 사상과 문화를 탐구하는 학문으로 고전, 문학, 철학, 사학, 종교학, 언어학, 음악, 미술 등이 여기 속해왔다.

『10대에게 권하는 인문학』의 공저자 김용민 교수는 인문학에 대해 다음과 같이 말한다. "인문학은 좀 더 근본적인 문제로 우리를 이끈다. 우리는 어떤 존재이고, 어디서 와서 어디로 가며, 우리가 지향해야 할 목표가 무엇이고, 다른 이들과 어떻게 더불어 살아야 하는지, 다른 이들과 어떻게 소통해야하는지, 우리는 왜 기쁨과 슬픔, 분노와 즐거움을 느끼는지 설명해준다. 즉, 우리 삶이 어떤 얼개로 되어 있는가를 가르쳐주는 것이 인문학이다."(10)

바로 인문학은 과학이 과학적 논리만으로는 명쾌하게 해명할 수 없는 어떤 것이며, 우리 삶의 문제를 알 수 있게 해주는 것이다. 그것이야말로 과학이 간과하고 있는 문제점들을 해결할 수 있을 것이다. 그러나 그러한 인문학의 본질과는 다르게

(10) 김남시, 김용민 외 공저, 『10대에게 권하는 인문학』, 글담출판사, 2014, p. 34.

요즘의 인문학에 대해서는 의문을 던져볼 필요가 있다. 과연 오늘날의 인문학이 그러한 과학적 논리의 부족함을 메워주는 역할을 할 수 있는 것인가? 그리고 인문학은 이 시대 과학기술이 노정해 온 우리 사회의 수많은 부작용을 해결할 수 있을까? 우리 과학기술의 위기는 바로 이런 관점에서 차분히 살펴보아야 하지 않을까 생각한다.

인문학은 자신의 자리에 꼿꼿하게 서있어야 한다.

대부분의 독자들은 금세기 최고 수준의 인문학 전도자라고 불렸던 애플사의 스티브 잡스Steve Jobs를 기억하고 있을 것이다. 우리는 그에 대해 다음과 같은 질문을 던질 수 있다. '대학에서 철학을 전공한 그가 어쩌다 애플의 CEO가 되었을까?' '그는 왜 인문학의 중요성을 강조했을까?' 이러한 질문을 통해서, 우리는 그가 어째서 인문학의 전도자로 불렸는지를 끊임없이 생각해 보아야 한다.

사실 인문학은 그 자체만으로는 실용적인 측면에서 써먹을 수가 없다. 그래서 어쩌면 우리에게는 자기계발서가 더 유용할지도 모른다. 그럼에도 불구하고 우리는 인문학을 읽고, 배우고, 공부한다. 저명한 비평가 김현의 이런 말은 인문학으로서의 문학의 성격에 대해 잘 알려준다. "문학은 억압하지 않는다. 그러나 그것은 억압에 대해서 생각하게 만든다. 비억압적인 것은 억압적인 것을 더욱 절실하게 느끼게 하기 때문이다."(11) 김현에게 있어서 비억압적인 것으로 억압적인 것을 느끼게 하는 문학은 현실에서 쓸모가 없는 듯하지만, 바로 그것이 문학의 역설적인 쓸모이기도 하다. "문학은 배고픈 거지를 구하지 못한다. 그러나 문학은 그 배고픈 거지가 있다는 것을 추문으로 만들고, 그래서 인간을 억누르는 억압의 정체를 뚜렷하게 보여준다. 그것은 인간의 자기 기만을 날카롭게 고발한다."(12) 여기에서 문학을 넓은 의미에서의 인문학이라고 할 수 있다면, 우리에게 있어 인문학은 과학이나 테크놀로지가 지니는 모순으로 인해 염증이 난 세계를 개조하지 않으면 안 된다는 당위성을 느끼게 한다. 그렇다면 인문학을 통해 과학기술의 위기를 타개할 모종의 지혜를 얻을 수 있을 것이라고 유추해볼 수도 있다.

인문학은 과연 과학기술의 위기를 개조할 수 있는 힘을 지니고 있을까. 요즘 인문학이라는 용어는 정말 많은 곳에 사용된다. 수많은 책제목이나 강연의 제목에서 마구잡이로 사용되고 있다. 어린이인문학, 부모인문학, 광고인문학, 사장의 인문학,

(11) 김현, 『문학은 무엇에 대하여 고통하는가』, 『한국문학의 위상/ 문학사회학』, 문학과지성사, 1991, p. 54.

(12) 김현, 『문학은 무엇을 할 수 있는가』, 앞의 책, p. 53.

돈의 인문학, 연애인문학, 평화인문학, 성경인문학, 디지털인문학…… 흔히 붕어빵에 붕어가 없다고 말하는데, 무슨 무슨 인문학에 과연 인문학이 있는가? 그리고 그토록 다양한 인문학의 레토릭이 범람하는 이 시대를 진정한 인문학의 시대라고 말할 수 있을까? 다시 한 번 깊이 생각해보자. 도시의 무수한 십자가들을 바라보면서 성령으로 충만한 세상을 떠올리는가? 긴장감이나 비판정신을 결여한 채 부끄러움 없이 도처에서 인문학 운운한다면, 필경 인문학도 적당한 비즈니스의 방편으로 전락할 수도 있음을 경계해야 하지 않을까?

모든 것을 인문학으로 포괄 할 수 있다는 태도는 반성되어야 한다. 만약 모든 것이 그 범주 안에 포함된다면 그것은 역으로 아무 것도 아닐 수도 있기 때문이다. 인문학을 대하는 우리의 태도에는 견제와 균형 감각이 필요하다. 우리는 인문학을 다시금 성찰할 필요가 있다. 과학이 인문학에 기대기 위해서, 인문학은 자신의 자리에 꿋꿋하게 서있어야 한다. 그러기 위해서 과학에 철저하게 비대칭적인 인문학의 고립성과, 교육에서의 인문학을 다시금 생각해보아야 하지 않을까. 두 학문 영역간 비대칭성, 과학의 기초가 있는 사람이 인문학을 시작할 수 있지만, 과학적 기초가 습득되지 못한 인문인이 어느 날 갑자기 자연과학을 시작할 수 없는 두 영역의 비대칭성에 유의할 필요가 있다.

지난 수 백 년 전부터 서구 사회의 근본적인 사상적 중심은 우리와는 다르게 과학기술의 합리성과 논리성이었다. 그러나 현대의 우리사회를 형성해온 사상적 중심은 과학기술이 아니라 인문사회학과 관료주의라 할 수 있다. 지금, 여기에서부터라도 과학적 논리와 이성적 합리주의가 우리사회 전반에 자연스럽게 스며들어야 한다. 우리 사회 도처에 만연한 사상누각沙上樓閣들을 개조하기 위해서라도 그런 각성이 긴요한 시점이다.

인문학과 과학, 동양과 서양은
견우와 직녀 사이?

오늘날의 인문학은 현대사회 지배적 요소들인 과학, 기술, 경영 등과 대비되거나 대척적인 개념으로 받아들여지기 일쑤다. 과학을 인문학과 반대되는 것으로 오해하고 있지는 않은지 염려스럽다. 지금은 인문학과 자연과학 사이가 분리되어 전혀 다른 영역으로 격리된 상태이다. 물론 서양에서도 17세기 과학혁명 이후 근대과학의 전문화 과정을 통해 인문학 분야와 과학기술 분야 간의 격리 현상이 없었던 것은 아니지만, 지금 우리사회만큼 심각하지는 않았다.

서양에서 발전된 근대 인문학의 대상 가운데 과학부분이 배제된 채로 오늘날 우리식의 인문학의 형태로 고착화된 부분이 존재한다. 역사적으로 살펴볼 때 우리사회의 인문학은 근대인문학이 자리 잡던 시기(서양의 르네상스, 중국 송대, 서양계몽사조기, 우리나라 개화기 등)의 전통적인 대상과 주제를 대부분 그대로 수용해 왔다. 그러나 인문학에서 과학이 배제되어 온 지난 수백 년간, 우리 사회의 삶의 방식은 과학기술의 영향으로 엄청난 변화를 겪게 되었다. 과학이 문명의 발전을 견인하고 새롭게 중요한 위치를 점하게 되면서부터 과학, 기술, 정보, 경영 등이 인문학적 성찰과 탐구의 대상에서 벗어나게 되었다.

서구사회에서도 인문학과 과학기술 간의 비대칭성에 심각한 우려를 거론했던 사례가 다수 존재했는데 그 중 한 가지 사례를 들어보자. 영국의 어느 과학기술자 모임에서 과학자이자 언론인이었던 스노우C. P. Snow 박사는 과학 기술자란 부류의 사람들을 지적하면서 '세익스피어가 누구인지도 모르고, 그의 연극을 제대로 알지 못해도 부끄러워하거나 아무렇지 않아 하는 과학자들은 참 무식하다'고 말한 적이 있다. 또한 그는 다수의 인문학자들이 물리과학의 핵심주제 중 하나인 열역학 제 2법칙이 대략 무엇을 뜻하는 것인지를 몰라도 부끄러워하지 않는다고 말했다. 수학에 기초한 과학기술과 인문학이라는 두 학문 영역 간에는 건널 수 없는 요르단 강江이 흐르고 있는 것만 같다. 왜 우리는 인문학과 이공계 학문 간에 이러한 비대칭적이고 경직된 경계를 두기 시작했는가?

과학과 인문학의 위기는 인문학과 과학을 포함한 여러 전문

지식 간의 소통보다 격리된 상태가 오래 지속되면서 심각한 문제를 낳고 있다. 은하를 사이에 두고 동서로 자리 잡고 있는 견우성과 직녀성의 전설을 생각해보자. 1년에 한 번씩 칠석날에만 상봉할 수 있는 두 사람을 이어주는 것은 까마귀와 까치가 만든 오작교이다. 말하자면 이제 우리는 그 오작교를 건설하는 일을 수행해야 한다. 우리 스스로가 까마귀와 까치가 되어야 할지도 모른다. 이제는 칠석날 저녁에 비를 내리듯이, 과학과 인문학이 상봉한 기쁨의 눈물을 맛봐야 하지 않을까.

사실 과거에는 동서를 막론하고 과학과 인문학이 지금처럼 두꺼운 벽을 치고 구분되지는 않았다. 예를 들어 동양의 전통에서 인문학과 자연과학의 소통이 어떠하였는지 간단히 살펴보자. 역사적으로 대부분의 인문학자들은 인문학 정신 속에 과학이나 기술 분야를 모르는 내용이라고 배제하기보다는 광의의 인문학 속에 포함시키고자 했다. 과거의 전통 속에서 동서양 모두는 자연과학적 지식 탐구를 더 넓고 깊은 인문학적 추구의 일부로 간주했다.

주희朱熹(1130~1200)는 『주자문집朱子文集』, 『주자어류朱子語類』에서 자연철학 분야(천문역법, 화성학, 음악, 지리, 상수, 의학)

와 인문분야(법률, 형행, 세제, 군사, 관직)를 근본적으로 통합적인 시각으로 보았다. 그는 천지, 만물, 인간을 인문학의 기본적인 학습주제로 두면서도 자연과학과 자연철학의 중요성과 필요성을 강조했었다. 그는 자연과학과 기술 분야를 넓은 의미의 인문학적 체계에 포함시키고자 했으며, 그 결과 후대의 유가儒家 사상에 지대한 영향을 끼친 사람이다. 주희의 이와 같은 사상적 틀은 이후 우리나라의 대표적인 유학자들이라 할 수 있는 이황, 이이, 김석문, 이익, 그리고 홍대용 등에 큰 영향을 주었으며, 이로인해 이들의 유학사상에서는 자연과학의 중요성을 존중하게 되었다.

공자의 "군자는 도구가 아니다"君子不器라는 말 역시 자연과학을 도구적 효용성에만 치부해서는 안 되며, 인문적 교양과 학문 속에 자연과학과 기술지식을 포함시킬 것을 강조한데서 유래한 말이다. 공자는 유학자라면 어느 한 분야만의 인문학적 전문가가 아니라 인문학은 물론이고 자연과학이나 철학 그리고 기술 분야 등 광범위한 분야의 교양을 갖춘 지식인이 되어야 한다고 했다. 공자의 제자였던 유학자 자하子夏의 『소도관小道觀』에서 과학(농사, 원예, 의술, 점술, 기술)의 중요성을 강조했던 대목도 주목해 볼일이다.

서양에서는 인문학과 자연과학 간에 단절의 벽을 작금의 우리나라처럼 세운 적이 없었다. 고대 대표적인 철학자들인 플라톤이나 아리스토텔레스는 우주 안에서 인간의 위치, 의미 등을 찾는 자연과학을 인문학문의 근간으로 삼으면서 기독교에 바탕을 둔 신앙적 우주론을 추구하였다. 이와 같은 사실은 13세기경 서양의 중세시기 대학의 교과과정에서도 그 분명한 특징을 찾아볼 수 있다. 이와 같은 철학적 배경으로 근대 서양에서는 지금까지도 인문학과 자연과학 그리고 기술 분야가 심하게 격리된 적이 없었다.

서양의 중세시기 대학은 인문교양분야, 자연과학, 그리고 철학이 함께 통합된 교과과정으로 운영되었었다. 중세부터 서양의 대학 교과과정은 철학에서 자연과학(산술, 기하, 천문학, 화성학)을 중시하였다. 이후 동서양을 막론하고 현재까지 계승 · 발전해 온 인문학의 뿌리는 르네상스 시기의 인문주의사상이다. 르네상스 시기 본격적으로 시작된 인문학은 자연과학을 포함해왔고, 그 결과 중세 이후 서양에서는 자연과학의 급속한 진보가 사회변화의 추동력이 되었다. 이를 바탕으로 서양에서 과학혁명이 일어날 수 있었다. 유럽에서 자연과학은 단순히 인간에 대한 관심에서의 자연 탐구가 아니라, 자연과 우주세계 자체를 다루는 자연과학, 실용성과 실증 중시의 과학으로 진화되어 갔다. 그 결과 산업혁명의 모태가 된 것이다.

우리나라 인문학의 모태는 상당부분 중국의 인문학에 바탕을 두었다. 1910년대 일제 식민치하의 조선에서 인문학적 혁신을 이룬 문인 중에 춘원 이광수가 있다. 문인 이광수의 문학적 원동력이 된 사상은 자연과학이었다. 이광수는 당시 우리나라의 유교사상은 인간의 존엄성마저 억압하고 있다고 비판했다. 그는 문인이기 이전에 인문인으로서, 그리고 근대 초기 우리나라에 유입된 서구문명과 동일시되던 기독교 신자로서 과학에 깊은 관심을 가지게 되었었다. 그가 자연과학의 합리성과 논리에 깊이 영향을 받기 시작한 것은 일본 와세다 대학 유학시절이었다. 그 당시 이광수는 그의 자서전에서 고백하듯 진화론의 문구를 염불 외듯 거론하곤 했다. 이광수는 서양의 과학혁명을 통해 세상에 나온 진화개념을 이 세상을 구성하는 근본적인 원리로 삼았다. 그는 과학과 철학, 그리고 종교를 통합해보려 했던 독일의 철학자 헤켈Ernst Hegel(1834~1919)이 쓴 『우주의 수수께끼』를 "진리의 서書"로 간주하면서 당시 유행하던 진화론이야말로 현대사상의 원천이라고 주장하기도 했었다. 국문학자 황종연 동국대 교수는 "이광수가 1910년대에 이룩

한 지적, 문학적 혁신이 과학주의적 전회轉回의 성격을 갖고 있다"고 주장하는데, 그 핵심에 있는 것이 생물학, 특히 진화론이라고 말한 점에 주목해볼 필요가 있다. 국문학계의 원로 이재선 교수는 『이광수 문학의 지적 편력』(서강대학교출판부, 2010)에서 에른스트 헤켈과의 관련성을 중심으로 이광수의 진화론의 특성과 계보를 상세히 논의한 바 있다. 20세기 전반의 문사였던 이광수가 생물학적 진화론과 사회 진화론 및 문학 진화론을 가로질러 나름의 담론을 펼치려고 기획했던 것은 틀림없는 사실인 것 같다.

문과생은 과학을 몰라도 된다고?

고대에서 현대에 이르기까지 정도의 차이는 있다 하더라도 오늘날 우리나라처럼 고등학교부터 시작해 대학에 이르기까지 인문학과 자연과학분야를 심할 정도로 격리시켜 교육하고, 그와 같은 격리 성향의 교육 결과로 인해 사회 전체에 부정적인 영향을 주고 있는 나라는 없다. 우리나라에서 아마도 자연과학과 인문학의 격리나 괴리가 심해진 가장 주요한 원인

은 고등학교 때부터 학생들에게 문과 또는 이과로 구분해 대학 입학을 준비하는 폐단 때문일 것이다. 말하자면 고등학교에 입학한 학생들에게 장차 인문학(인문, 사회, 정치, 경제 등)을 배우고 싶은 사람과 자연과학(수학, 물리, 화학, 생물 관련 공학)을 배우고자 하는 사람으로 양자택일을 강요한다. 이 경우 가장 심각한 문제점은 그 시기의 고등학교 초년생들 가운데 자신이 문과 또는 이과 어느 한쪽의 적성이 뚜렷한가를 알고 있는 경우가 극히 드물다는 점이다. 또 어느 학생이 문과나 이과를 선택했다 할지라도 그 학생의 실제 적성이 문/이과 어느 쪽에 적합한지 제대로 평가하기도 어렵거니와, 합리적으로 판정을 해낼 장치도 없다. 또한 많은 수의 학생들은 문과 이과 모두에 공통적인 적성을 보일 수도 있다. 그럼에도 불구하고 모든 학생은 문/이과 두 영역 중 어느 하나를 택일하게 강요받고 있는 것이 우리나라 고등학교 교육의 부정할 수 없는 현실이다. 그리고 일단 문/이과 어느 한 분야를 선택하고 나면, 선택한 테두리에 갇혀 고등학교를 졸업할 때까지 반대쪽 분야와는 격리된 생활(한쪽 선택이 성인이 되는 필수적 과정)을 하게 된다.

어쩌다가 우리나라 고등학교 교육이 이렇게 되었는지, 어떤 구체적인 역사나 합리적인 바탕에 근거를 두었는지를 찾아낼 수가 없다. 오히려 합리성에 바탕을 두었다기보다는 정치권의 힘의 논리에 의존해 다분히 인위적이고 즉흥적 방식으로 그런 구분을 두게 되었으리라 생각된다. 21세기 현대에는 융합학문의 세상이 펼쳐지고 있다. 학문을 융합하는 세상에서 문과든 이과든 어느 한 쪽에서 제한적으로 교육받은 학생은 그 쓰임새가 너무나 제한적일 수밖에 없는 폐단을 초래하게 된다.

최근 우리사회에서도 일부 의식 있는 학자들에 의하여 문과,이과 구분의 문제를 지적하는 목소리를 내고 있다. 2014년 한 '인문학콘서트'에서 경희대학교 후마니타스 칼리지 도정일 학장과 이화여자대학교 에코과학부 석좌교수 겸 국립생태원 원장 최재천 교수는 한 목소리로 고등학교시절 문/이과 격리교육의 결과가 대학에 미치는 위기를 지적했었다. 도정일 교수와 최재천 교수는 취업을 위한 '직업훈련소'로 전락한 오늘날 우리나라 대학교의 교육의 문제를 개탄하면서, "문/이과 학문의 인위적이고 임의적인 구분은 우리사회가 어느 때부터인가 편의상 만들어낸 잘못된 제도이다. 진리를 추구하는 과정에서 혼자 다 할 수 없으니까 쪼개서 하는 것인지 모른다. 그러나 격리되어 교육받는 양편이 언젠가는 필연적으로 만날 수밖에 없다. 방법론적으로 모든 것을 펼쳐서 할 것이냐, '각개 격파'를 한 후 모을 것이냐 이런 차이는 있다. '문과는 과학은 몰라도 된다. 이과는 인문학 신경 쓰지 말아라' 이런 방식은 있을 수 없는 것이다. 이보다 더 기막힌 원시성이 어디 있을까 생각한다."(13) 그들의 말은 참으로 의미심장하다.

시의적절한 두 인문, 자연학자의 지적에 필자는 전적으로 공감한다. 고등학교에서부터 시작해 분획된 인문학과 자연과학의 비대칭성 구분 교육은 우리나라 대학과 학계의 문제점으로 종종 나타난다. 우리사회에서 너무 오랜 기간 임의성에 바탕을 두고 생겨버린 문/이과 두 학문영역의 격리 및 고립상태는 문과든 이과든 상대편에 대해 극도로 경직된 배타적 태도를 취하게 된다. 따라서 임의로 구분하고 선택하여 자신이 속하게 된 문/이과 경계는 교육 이후에도 그대로 명확한 분획의 실체가 되어 견고한 고립의 장벽으로 작용하게 된다. 이 같은 문제는 대학에서도 예외 없이 전공교수, 학생, 책, 시험, 과외활동 등 대학생활 요소요소에서 두 학문을 나누는 방식으로 학생들의 성장 정체성과 인격을 형성하게 된다. 그 결과 대학

(13) 『[석학 대담] 도정일 對 최재천…인문학과 과학의 만남』, chosunbiz, 2014. 11. 1.

을 졸업한 이후 일반시민이 된 이후에도 대학에서의 문/이과 구분이 당연한 것으로 받아들이는 것 또한 심각한 문제다.

우리나라에서도 문/이과 구획적인 교육의 문제와 교육 이후 우리 사회에 영향을 미치는 폐해를 개선해보려는 시도가 일부 존재했다. 예를 들면 지난 1993년도 대학수학능력 시험의 경우가 그렇다. 93년 갑자기 시행된 대학수학능력 문/이과 통합 시험에서는 시범적으로 문/이과 구분 없이 모든 수험생이 같은 문제를 풀도록 했다. 그러나 문/이과 격리교육에 익숙해진 학생들은 이에 적응하지 못했고, 그 결과 대중은 이 방식이 그런대로 균형 잡혀있던 종전의 문/이과 구분된 형태의 '대학수학능력' 함양을 외려 저해한다고 여겼다. 일부 학자들은 "이 시험이 계열별 학력을 측정하는 것이 아니라 대학에서의 수학능력을 평가하는 것이기 때문에 분리하지 않는 것이 원칙이라고 주장(14)"하였지만, 이러한 의견은 받아들여지지 않았다. 이로 인해 시험에서 문/이과 사이의 유불리가 발생하였고, 교육당국의 대응은 더욱 균형잡힌 고등학교 교육을 모색 하는 게 아니라 새로운 문/이과 구분시험제도를 도입하게 된다. 교사,

(14) 1993.11.17 『동아일보』 21면 사회 기사.

학부모, 교육가, 정치인 등이 학문 내외적인 모든 것들에서 문/이과로 나누는 것을 신봉하고 있으며, 그러한 구분에 대해 누군가 이의를 제기 할 경우에는 맹목적으로 저항하는 관습이 지금까지 이어지고 있는 것이다.

문/이과 구분의 폐해는 너무나 심각하다. 그중에서도 가장 심각한 폐해 중 하나는 문/이과를 구분하는 경계가 지나치게 강력하여 학생들의 공부의 폭을 좁히게 된다는 것이다. 경제학 전공 희망자는 문과 수험생으로 분류되어 경제학에 필수적인 자연과학 분야의 수학이나 물리학을 등한시하거나 무시한 채로 대학에 진학할 수가 있다. 경영학 전공자 역시 편의상 문과로 분류되어 시험 준비를 할 때 자연과학이나 기술에 대한 관심을 제도적으로 차단당하고서도 대학에 입학할 수 있다. 전산학이나 해양학을 전공하려는 학생은 이과생이라는 이유로 시험 준비과정에서 인문학적 철학이나 사회과학 분야를 무시해도 좋은 것으로 오판하게 된다. 이러한 경향에 젖어든 사람들은 오히려 스스로 문과인이나 이과인을 자처하면서 상대 분야에 대해서는 이해할 수도, 이해할 필요도 없다고 생각한다. 이러한 오판은 상대 쪽에 대한 무지를 낳고 이를 당연시하게 된다. 참 어이없는 짓을 우리 교육당국과 교육 종사자들이야기해온 것이다.

21세기 들어, 인류문명은 아주 빠른 발전을 경험하고 있다. 이제는 모든 나라의 사회와 그 사회의 문화가 복잡다단해지며 다양한 학문 간의 복합(융합)분야가 생겨나고 있다. 환경학, 정보학, 융합소프트웨어, 농학, 건축학, 도시학 등은 문/이과 격리가 부적절한 분야다. 또한 계획학, 체육학, 심리학, 지리학, 해양학, 경영학 등 수없이 생겨나는 신학문이 있다. 그러나 우리의 교육현실은 억지로 구분해 한쪽에 집어넣을 것을 강요하고, 각 분야의 내용과 접근 방식을 한쪽으로 유도하고 있다. 이로 인해 신 융합분야는 자율적으로 독립해 발전하기 힘들게 된다.

가장 늦었다고 말할 때가 변화를 시동해야하는 적기가 아닐까? 이제는 고등학교에서 시작되는 문/이과 구분과 격리 교육을 없애야 한다. 그래야 우리사회에 미래가 있고 희망이 열린다. 그 같은 의미심장한 반석 위해서라면 대학의 열린계 프로젝트도 획기적 추동력을 확보하게 될 것 같다.

꿈을 키우지 못하는 교육은 닫힌 교육이다

고대 중국과 아랍문화권에서도, 흔히 서양에서 시작되었다고 알려진 '대학University'이란 제도가 없었던 것은 아니다. 그럼에도 불구하고 지금까지 인류사회에 진화 계승되고 있는 진정한 의미의 대학은 13세기 중세 유럽의 대학일 것이다. 중세 유럽의 대학은 그 후 수백 년간 이어지면서 19세기 말에 이르기까지 전통적으로 4개 학부Faculty로 구성되었다. 서양에서 시작된 4개 학부는 철학부, 신학부, 법학부 그리고 의학학부다. 이들 학부 중에서, 과학은 16~17세기 서양에서 일어난 과학혁명Scientific Revolution 이전까지는 기초 학부로서 일종의 교양 과목이었다. 교양학부의 7과목은 4과(산수, 기하, 천문학, 음악)와 철학의 일부인 자연철학을 다루었다.

서구에서 과학에 대한 인식은 16~17세기 과학혁명 후 일반 시민사회에까지 가시적이고 긍정적으로 변화되었다. 그러나 과학혁명이 일어날 즈음까지 서구에서도 소위 대학은 새로운 과학적 발전이나 진보에 대한 긍정보다는 저항의 본거지 역할을 한 적도 있다. 서구에서도 대학은 사회와 고립된 채 대학 밖으로부터의 사회 발전이나 진보에 종종 무관심하거나 저항하면서 바깥 세상의 문명적 진화에 스스로 소외되는 경향을 보이기도 했다. 13세기에 출현한 서양의 대학제도는 이후 16세기부터 일어나기 시작한 과학혁명의 시기까지 수세기가 흐르는 동안에 변함없이 기독교 신학, 그리고 철학 사변적 논리위주에 치중했으며, 책 위주의 스콜라학풍이 지속되어왔다. 그 결과 대학이란 곳은 대학을 나와 사회에 진출하였을 때 어떤 면에서는 쓸모없는 것만 배우는 곳으로 치부되기도 했었다. 대학이 이렇게 인접 사회와 고립되면서, 대학은 그 속성상 쉽게 변화하면 안 되는 곳으로 이해되기도 했다. 그 결과 대학이 사회변화에 적시 대응하지 못하는 지경에 이른 적도 있었다. 그러나 대학은 사회로부터 더 이상 지식을 독점적으로 보는 시각에 부정적이었고, 사회와 괴리된 채 대학이 제공하는 지식에 만족하지 않게 되었다. 서구에서 일어난 16세기 과학혁명의 주된 업적과 변화들은 대학의 울타리 속이 아니라 주로 대학 밖의 학술단체인 영국의 런던왕립학회나 프랑스 파리왕립과학아카데미 등에서 주도하기 시작했다.

서구에서는 과학혁명이 소위 산업혁명으로 이어져 인문학

못지않게 자연과학과 이에 근거한 자연철학이 서구사회 발전의 기본 틀을 이루게 되었다. 물론 과학혁명 이후 19세기 후반까지 유럽에서 발전된 자연과학과 관련된 기술이 오늘날의 전 세계적인 과학과 테크놀로지의 전형을 이루게 된다. 19세기 이전까지 사회로부터 고립되어왔던 대학은 어쩔 수 없이 대학 울타리 바깥으로부터의 변화 요구에 저항하기보다는 변화를 택하게 되었다. 특히 프랑스의 나폴레옹과의 전쟁에서 패배의 맛을 보게 된 독일은 유럽의 어느 다른 나라보다 자율적으로 서구 열강의 대학 변화 물결을 주도하게 되었다.

독일은 오랫동안 대학에서 전통처럼 이어져온 교수의 일방향적인 수업방식, 특히 자연과학과 기술 분야의 수업방식을 교수와 수강생이 동등한 입장에서 학문적 의견을 자유롭게 교환할 수 있는 세미나 방식으로 바꾸어 나갔다. 이러한 양방향의 교육 방식은 수강하는 학생들에게 강의자의 지식을 단순하게 전달하는 방식이 아니라, 강의 주제에 대해 학생들이 직접 조사하고 연구한 결과를 발표함으로써 교수가 지닌 지식뿐만 아니라 학생들이 생산해낸 지식을 공유하는 방식이었다. 동시에 자연과학이나 기술 분야에서는 이론은 물론 그 이론을 실제로 확인할 수 있도록 실험 위주의 교육을 병행하기 시작했다. 처음에는 자연과학이나 기술 분야에서 진행해오던 양방향 교육과 실험적 검증 방식은 점차 역사학, 문헌학, 철학 등으로 확대되어 갔다. 이처럼 한발 앞선 독일의 고등교육 개편 방식을 서양의 다른 여러 나라에서도 새로운 교육방식으로 채택하기 시작했다. 또한 교수가 학교 외부로부터 지원받는 연구 프로젝트를 수행하면서 해당 교수 연구실 문하의 학생들을 연구원으로 채용하거나, 박사과정 및 박사 후 연구과정Post-doctorate의 연구원들과 함께 해당 프로젝트를 진행하게 되었다. 이는 연구의 합리성을 확보하고, 연구에 참여한 학생들이 대학에서의 본격적인 연구 경험을 쌓을 수 있도록 하는 제도였다. 이렇게 함으로써 학생의 입장에서는 연구에 참여하는 만큼 수학에 필요한 최소한의 수당을 지급받아 경제적인 면에서 안정적인 대학생활을 하게되고, 연구 참여를 통해 습득하는 지식을 통해 이후 취업 등에 있어 유리한 입장에 서게 된다. 이는 효용성 있는 집단연구 분위기를 창안한 독일인의 지혜가 담겨있는 전통이라 할 수 있다. 학생의 수강뿐만 아니라 동시에 연구주제에 참여토록 하는 대학의 교육 연구 방식은 점차 자연과학이 아닌 인문 사회학, 즉 역사학, 문헌학, 철학 등으로 확대되었고 다른 서구권에서도 새롭게 고안된 교육방식으로 수업을 진행하게 된다.

19세기 이후 미국은 어떠했는가? 미국에서도 발 빠르게 연구중심의 대학 교육방식을 채택하게 되었다. 19세기 당시 미국의 일부 대학들(예: John-Hopkins, Ivy League 대학들인 Harvard, Yale, UPenn, Colombia, Brown, Dartmouth, Cornell 등)은 독일식의 양방향 연구중심의 교육모델을 주로 대학원 교육에 채택하였다. 미국은 남북전쟁을 치른 후 대학교육이 종전까지 영국식 전통모델이었던 고전 언어와 신앙, 도덕교육 위주에서 현대 언어, 자연과학과 기술 등 보다 사회발전의 요구가 높은 실용적 지식교육으로 바꾸게 된다. 이 과정에서 자연과학과 테크놀로지는 인류역사상 가장 빠르고 엄청난 성과를 얻게 되었다. 미국에서는 이로 인해 대학의 학제 간 분야가 거대화 · 고가화되었으며, 자연과학과 기술의 실용화 및 산업화를 위한 공학교육의 전성기를 맞이한다. 이에 따라 전 세계 대학교육의 패러다임의 변화가 초래되는데, 미국 대학의 실용화 과정에서 오늘날 유행을 구가하는 소위 경영학도 이 시기에 탄생하게 된다.

일본의 경우를 살펴보면 서구화 과정과 맞물려 유럽과 미국의 서양식 대학이 세워지고 국부 창출의 씨앗으로 제국대학(도쿄대, 교토대, 토호쿠대, 홋가이도대, 규슈대, 나고야대 등)이 서구형 연구중심 대학으로 변화했다. 그 결과 우리나라에 훨씬 앞서 일본의 국력 증강과 부국의 기본적인 틀로써 대학교육이 진화하고 성장하게 되었다. 일본은 서구형 대학의 도입을 위하여 엄청난 국력을 걸고 주도면밀하게 준비했으며, 수입해 온 제도를 일본화하였다. 이런 사실은 각종 문헌들을 통해 확인되고 있다.

그렇다면 대한민국의 서구형 대학의 이식과 발전은 어떠하였는가? 우리나라에서 대학교육은 앞서 언급했듯이, 고교교육에서의 문/이과 격리 교육의 결과로 지금까지도 대학의 체제가 문사철文史哲, 경제 및 사회학 대 이공학과 경영학으로 확고한 경계가 그어져있다. 그 결과 전공이 다른 종합대학 내부에서 단과대학 간의 경직된 고립의 벽이 굳건히 생성되었다. 특히 대학에서 학생들의 수업에 대한 자기결정권의 문제를 살펴볼 수 있다. 예를 들어 고등학교 교육에서는 수학 및 자연과학을 배운 이공학 분야 학생들과, 자연과학 과목을 수업하지 않고 곧장 대학에 문과 분야에 입학한 학생들의 현실을 살펴보자. 이공학을 선택한 학생들은 필요한 경우 문과 전공을 수업할 수 있으나, 문과에 입학한 학생들은 수학과 자연과학의 기초지식이 부족하여 자연과학이나 엔지니어링 분야를 수학할 수 없는 학문간 비대칭성이 심각한 문제를 야기하고 있다. 그 결과 일단 학생들이 대학에 입학하여 전공하고자 하는 학과가 결정되면 대학 내에서 모든 수학활동의 결정이 단과대학이나 학과 위주로 분획되어 이행된다. 따라서 대학인의 관념 속에서 굳어지는 학문간 비대칭적 소통의 장벽으로 문/이과 또는 인문사회, 자연과학과 기술 분야 간의 넘어서기 힘든 학문적 구별이 고착되는 것이다. 대학에서 상당부분 어쩔 수 없이 임의적이고 편의적으로 구별된 이러한 수학과정은 대학을 졸업한 이후 복잡한 현대사회의 발전, 자연과학이 내포된 문화 현상을 두루 이해할 수 있는 기회마저 원천적으로 막고 있는 셈이다.

대학 바깥의 사회 현실은 어떠한가? 사회발전과 문명화의 속도는 매우 빠르다. 최근 우리 사회에는 문/이과 사이의 비대칭적 전공의 구속적인 평형 관계가 무너지는 새로운 융합적 문화가 생겨나고 있다. 이제 사회가 요구하는 대학 졸업생의 수준은 문/이과로 구분된 지식이 아니라 오히려 문/이과를 아우르는 것이다. 동시에 대학에서 전공학문은 학문 후 세대 양성(일반 학문)과 사회가 즉시 요구하는 산업인력 양성(전문직업분야)으로 구분하여 이루어지고 있는데, 이는 합당하다고 본다. 그러나 현재 이러한 인력 양성이 구분 없이 이루어지고 있는 것이 문제라 할 수 있다.

이쯤에서 과연 우리나라 대학의 인문학 교육은 제대로 이루어지고 있는가라는 의문이 제기된다. 근대화 이후부터 우리나라에서 인문학의 발전과 교육은 근대 중국의 영향을 받았는지는 모르겠지만, 대학 졸업 후 인문적 관료사회의 인재를 양성하는 것에 무리하게 치중된 점이 있다. 한 국가의 젊은 인재들을 사회가 필요로 하는 올바른 사람으로 양성하는 문제보다는, 오히려 지배층과 지식층 위주의 인문교육이 주류를 이루고 있다. 해방이후 우리나라의 근대화 과정은 자연스럽게 우리보다 훨씬 경제력이 강한 미국과 유럽국가 위주의 대학교육 커리큘럼을 받아들여 왔다. 그 결과 우리사회의 역사적인 전통과 단절되었으며, 대학내에서 인문학 또한 근대화 이전 전통학문과도 단절되어 버렸다. 나중에 언급하겠으나, 그렇다고 우리사회가 서구형 대학의 모델을 철저하게 벤치마킹해온 것도 아니다. 어찌 보면 겉모양새만 수입하고 그 콘텐츠(예를 들면 테뉴어 제도, 대학 학문 간의 경쟁과 지속가능도 등)와 같은 핵심적인 문제는 관료체제와 맞물려 수입에 소홀했고, 그 결과가 지금까지도 대학사회에 바람직하지 못한 현실로서 상존해 있다.

우리 사회는 인문대생이 되기까지 진정으로 인간에 대해 생각해 본 적이 있을까? 비단 이런 현실은 인문대생만의 제한된 문제는 아닐 것이다. 대부분의 학생들은 고등학교 시절 전부를 비인간적인 대입준비에 매몰된 후에 대학에 입학하게 된다. 기득권 세대의 입장에서 보면 이런 교육을 받고 있는 청소년들이 극심하게 자기결정권이 배제된 인권 유린의 시기를 보낸다고 판단할 수 밖에 없을 것이다. 필자 역시 수십 년 대학 교수의 생활을 거쳐 지금은 대학의 책임을 맡은 총장직을 수행하고 있는 입장에서 자성해야할 대목이다.

우리는 고등학교 교육의 상당부분 청소년의 자유로운 지적 성장에 전혀 도움이 되지 않은 공부에 많은 시간을 허비하고, 또 대부분을 대학 입시에 필요한 숫자 생산에 몰두하게 만든다. 만약 과거 민주화 운동이 활발했던 시기의 우리나라에서 청소년뿐만이 아니라 어떤 사회집단이 자기 의도와 무관하게 대입만을 위한 공부의 억압과 자기결정권의 박탈을 강요받았다면 엄청난 저항과 투쟁이 있었을 것이다. 그러나 현재 필자를 포함하는 우리사회 각 분야의 주도적 기성세대는 청소년들에게 그저 '조금만 참아라, 참으면 성공한다'라는 주장만을 강요할 뿐, 그에 대한 합당한 논리를 제공하지 못하고 있음을 심각하게 반성해야 한다. 대학과 교육 제도의 혁신을 통해 새로운 세대들이 희망을 일구고 미래를 열어나갈 수 있는 최적의 환경을 만들어주어야 한다. 이를 위해 기성세대가 먼저 변화를 실천해야 할 것이다.

과학의 위기만큼 심각한 우리나라 인문학의 위기

근본적으로 동서양을 막론하고 오늘날의 인문학은 서양의 르네상스 운동에서 발생한 인문주의로부터 그 근원을 찾을 수 있다. 서양 역사 속에서 기독교 신앙의 영향력은 동양에서 유교사상이나 불교보다 훨씬 강력했었다. 13세기 서양에서 시작한 대학의 역사는 가톨릭 신앙의 영향으로 신학, 논리학, 형이상학, 자연철학 위주의 기독교적 학문이 주종을 이루어왔었다. 그러나 수세기가 흘러가면서 기독교가 부패하고 그 결과 이를 부활시키려는 운동으로서 르네상스가 일어나게 된다. 르네상스 이후 대학에서는 자연스럽게 기독교에 치중한 신학위주의 학문에 대한 저항과 반작용으로 인간중심으로 이동하는 인문학Humanism적 패러다임이 태동하게 된다. 인문학은 기독교 이전의 고대 그리스와 로마시대의 사조를 찾아 새로운 인문학적 변화를 수행하려는 경향을 지니고 발전했다. 그 결과 르네상스 이후의 인문학은 사회의 새로운 움직임에 부응하는 경향을 띄게 되었다. 이후에는 신학적 고전학문, 고전 언어에서 벗어나 현대적 언어 그리고 실용적 학문을 교육시키는 경향으로 인문학이 발전해 간다. 그리고 우리나라는 서양으로부터 수입한 르네상스형 인문학의 내용을 그대로 수용하여 오늘에 이르고 있다.

우리사회에 유행처럼 번진 인문학의 위기 속에서 진정한 위기가 무엇인가에 대한 자성과 함께 대안을 찾아야 할 때다. 어찌 보면 오늘날 우리의 인문학에서 스스로에 대한 철저한 반성이나 비판, 그리고 진보된 시각을 제안하는 노력은 불충분하다. 우리의 인문학적 위기는 사회 발전으로부터 요청되는 변화된 인문지식의 저변확대를 외면해 온 것으로부터 비롯된다. 어찌 보면 우리사회에서 일컫는 인문학의 진정한 위기는 옛 틀에

집착함으로써 빚어지는 인문학자들의 일련의 생존을 위한 긴장을 반영 하는 것 같다. 사회가 발전해 대학으로부터 멀어져 가는 변화상황 속에서 인문학의 위기를 모면하기 위해 오히려 전통적 인문학에 더 집착하는 형국인지도 모른다.

최근 우리사회와 대학에서의 모습을 살펴보면 전정한 인문학의 위기가 무엇인가를 더 분명히 알 수 있다. 일례로 2006년 9월 15일 고려대 문과대 교수 전원(121명)이 문과대 설립 60주년을 맞아 '인문학의 위기' 타개를 촉구하고 나선 바 있다. 이것은 '인문학 위기론'을 알리는 신호탄이었다. 2006년 9월 25일 전국 80개 인문대학장은 26일 이화여대에서 개막하는 '인문주간'에 앞서 미리 배포한『오늘의 인문학을 위한 우리의 제언』이라는 제목의 선언문에서 인문학 경시 풍조가 인문학 위기의 근원이라고 주장했다. 이들은 인문학 진흥을 위한 구체적 대책으로 대학이 소비자 욕구 또는 시장논리에만 영합하지 말 것, 중장기 발전방안을 기획 · 실천할 '인문한국위원회'(가칭)를 설치할 것, '인문학진흥기금'을 설치해 지속적인 지원을 할 것, 국가 주요 정책위원회에 인문학자의 참여를 보장할 것 등을 제안했다. 이와 같은 주장은 물론 겸허하게 받아들여져야 한다. 그러나 그와 같은 움직임이 자식을 인문학 전공으로 대학에 보내는 학부모의 입장에 대해 진솔하게 고려된 것인지는 한 번 더 생각해 볼일이다.

우리사회에서 일어나는 작금의 인문학 부활의 움직임이 혹시 인문학의 자리가 점점 더 좁아지는 변화된 사회 현실에서 전통적인 인문학만을 옹호하려는 간절한 몸짓이 아닌지 성찰해 보아야 한다. 두루 알다시피 대학의 변화에 대한 사회적인 요구가 거세다. 경제의 외형은 커지고 있지만 전통적 인문학만을 배운 대졸 젊은이들의 일자리는 점점 더 심각한 수준으로 줄어들고 있다. 대학에서 인문학 전공 학과들은 통폐합 우선순위로 내몰리고 졸업생들의 취업률은 점점 추락하고 있다. 사회가 요구하는 인문학은 전통적인 인문학 자체가 아니라 모든 실용학문에서 더 심도 있는 방식으로 스며들 수 있는 학문적 변화를 말한다. 대학에서 인문학 위기의 대표적 원인은 진정 무엇인가? 흔히 신입사원 선발에서 이공학이나 경영학 전공자들을 우선시하는 경향 자체를 사회와 기업에서의 '시장논리'라고만 매도해서는 안 된다. 기업이 필요로 하는 대졸사원은 그 전공 여하를 막론하고 인문학이 기초에 스며있는 실용학문 전공자를 말한다. 따라서 단순히 인문학을 대학에서 인문학 전공자의 저조한 취업률만을 기준으로 삼아 평가해서는 안 된다. 이제 인문학은 대학 졸업 후 취업이란 관문에서 양극단에 서게 되었다. 요즘 인문학 분야의 전공자는 취업이란 측면에서 냉대를 받고 있는 것은 사실이지만, 이러한 현실을 통해서 인문학이 더 진화되고 긍정화될 것이라 믿는다.

산업이 고도화될수록 자연과학이나 엔지니어링 지식에 인문학이 내포되어야 기업에 긍정적 미래가 있다는 인식이 생겨날 것이며, 기업에 취업할 때 인문학적 소양을 겸비한 젊은이들에게 기회가 넓어질 수 있다. 예를 들면, '포스코 스칼라십'은 문文 · 리理 통섭역량을 갖춘 창의적 인재를 양성하기 위한 예비입사 제도로 대학교 2학년생 중 우수 학생을 조기에 선발해 재학 중 문과는 이과 과목을, 이과는 문과 과목을 각각 수강하도록 한다.[15] 또한 삼성의 '문文 · 리理 통섭형' 인재육성 방안도 마찬가지다. 삼성그룹이 최근 인문계 전공자로 소프트웨어SW 엔지니어를 육성하겠다는 일층 진일보된 인사정책의 세부방침을 확정 · 발표했다.[16] 이러한 기업의 신입사원 채용의 인식변화는 대학에서의 인문학 진화에 있어 청신호가 분명하다.

---

(15)『매일경제』, 2013. 10. 29.

(16)『문화일보』, 2015. 3. 13. 1면.

이제 인문학은 전통적인 인문학적 지식, 주제, 그리고 대상으로서의 분야라기보다는 다양한 학문영역에서의 인문학적 방법이나 인문학적 정신으로 광범위하게 숙고해야 할 것이다. 다시금 인문학이 우리 사회문화의 어느 한 부분이나 계층에 국한된 것 아니라 모든 문화사회 전반에 근본적 틀로 파급되어야 한다. 새로운 사상, 문화가 새로운 가치, 문제 등을 발생시킴으로써 변화된 인문학을 요구하는 지금이야말로 인문학 발전의 획기적 전기인지도 모른다. 새로운 사회, 문화현상들이 인문학의 대상에 포함됨으로써 새로운 지식, 주제, 대상을 다루는 인문학으로 거듭나려는 성찰적 움직임이 실천적으로 추동되기를 기대한다.

인문학도, 자연과학도 상상력이 없다면 닫힌계

위기는 비단 인문학 영역에만 국한되는 게 아니다. 자연과학과이나 공학 등 실용적 학문 모두 '위기' 상황에 부딪혔음을 예리하게 인식해야 한다. 우리나라는 물론 전 세계적으로 깊고 광범위하게 현대사회가 과학화, 기술화, 그리고 정보화되어 가면서 자연과학, 기술, 정보와 관련하여 파생되는 수많은 폐해로 몸살을 앓고 있다. 인간에게 자연과학은 분명히 문명의 이기利器다. 특히, 금세기 자연과학적 진보는 문명의 발전을 가속화하고 있다. 그러나 이와 같은 자연과학 기술 그리고 정보화 세상이 항상 우리 인류를 행복하게만 하는 것은 아니다. 자연 과학의 이기심利己心은 고스란히 인간에게 전해져 인간이 무엇인지, 어떻게 행동해야 하는지 그 이유를 생각하지 못하게 만든다.

인문학은 인간이란 무엇이냐는 아주 오랜 전통적인 물음에 대한 답을 제공하지는 못하더라도, 끊임없이 그에 대해 생각하도록 해준다. 인문학의 반성적 사유는 과학의 발전에 따라 더욱 확장되어야 한다. 인문학의 비판적 사유와 풍부한 상상력이 자연과학의 진보를 촉발하게 하고, 자연과학의 기술적 상상력은 인문학의 비판적 상상력을 자극할 수 있어야 한다. 그러기 위해서는 인문학과 자연과학 두 영역이 서로에 대해 적극적으로 문을 열어야 하고, 소통해야만 한다.

아이작 뉴턴이 어머니 집 정원에서 사과가 떨어지는 것을 보았다는 일화를 떠올려 보자. 만약 뉴턴이 사과를 집어 던졌다 하더라도, 그 사과는 일정 거리 포물선을 그리며 앞으로 날아가다가 곧 바닥에 떨어졌을 것이다. '사과는 왜 떨어질까?' 뉴턴은 그렇게 상상했다. '사과를 조금 더 세게 던진다면?' 이전보다 멀리 날아가겠지만, 사과는 결국 땅으로 떨어지고 말 것이다. 이와 같은 상상이 가능할 수 있는 이유는 지구 스스로 지니고 있는 중력의 힘이 수평으로 날아가는 사과를 땅으로 잡아당겼기 때문이라는 것을 이제는 누구나 안다. 오늘날 뉴턴과 똑같은 상상을 하고 질문하는 독자는 없겠지만, 뉴턴이 행했던 '날아가던 사과가 떨어지는 상상'은 중요하다. 뉴턴이 사과가 바닥에 떨어진 이유에 대해 상상하지 않았다면, 우리는 땅의 중력 세계와 하늘의 우주 세계가 구분되어 있다고 생각했을 것이고, 지금처럼 수많은 인공위성이 무중력 공간에서 지구 주위를 운항할 수 있도록 만들지 못했을지도 모른다.

동서를 막론하고 근대 리얼리즘이나 자연주의의 발흥은 근대 과학적 인식 체계의 변화나 인식 방법론으로부터 영향받은 바 크다. 자연과학으로부터 현실을 객관적으로 관찰하고 분석하는 방법을 받아들인 작가들도 인간의 사회 현실을 객관적으로 관찰하고 이야기할 수 있는 방법적 진실을 연마하고자 했다. 이런 측면에서 보자면 '내러티브narrative'를 과학의 이론이나 문학의 비유와 비견할만한 '역사의 기본적인 인지 도구'라고 했던 밍크Louis Mink의 주장에 고개를 끄덕이게 된다. 내러티브란 그 속에 담겨 있는 어떤 일련의 사건이나 현상의 연속적인 상호관계를 이해할 수 있게 해주는 형식이다. 경험의 흐름을 이해할 수 있게 해주는 내러티브는 역사의 기본적인 인지 도구가 될 수 있다.

오늘날의 대학은, 이제 자연과학의 경우 전공하는 분야를 넘어 인문학적 상상력을 학생들에게 가르쳐야 한다. 대학은 인문학을 전공하든 자연과학을 전공하든 간에 학생들이 모두 '상상력'을 기를 수 있어야 한다. 그 상상력은 인문학만의 것도, 자연과학만의 것도 아니기 때문이다. 오히려 그 둘을 이어주는 오작교의 자리에 있다고 할 수 있다. 진화학자 장대인은『인간에 대하여 과학이 말해준 것들』에서 인간을 '탐구하는 인간 Homo Scientificus', '따라하는 인간Homo Replicus', '공감하는 인간 Homo Empathicus', '신앙하는 인간Homo Religious', '융합하는 인간 Homo Convergenicus'으로 나눌 수 있다고 했다.(17) 오늘날의 대학은 그중에서 학문을 통섭하고 융합하는 인간을 교육하는 일에 주목할 필요가 있다. 지금의 대학은 획일화되고 유형화된 기존의 전통적 교육에서 탈피해야 한다. 미래 사회는 인문학과 자연과학의 관계가 상호 보완적이기를 요구한다. 대학 강의에서도 두 문화가 함께 소통할 수 있어야 하고 또한 그런 자리가 반드시 마련될 수 있어야 한다. 전통적이고 보수적인 태도에서 탈피하여 시대의 요청과 다가올 미래에 부합하는 상으로 대학은 진화해야 한다. 나는 미래 대학의 목표라 할 수 있는 '융합'에 맞추어, 두 분야가 만나는 길로 들어서기를 바란다.

이런 전환점의 시대에 국가의 책무란 무엇일까? 정부는 대학기관을 통제의 대상으로 보는 발상을 완전히 버려야 한다. 대학을 대상으로 무리하게 규제와 통제를 하는 우리나라의 현

---

(17) 장대익,『인간에 대하여 과학이 말해준 것들』, 바다출판사, 2013.

실은 그 어떤 선진국에서도 유례를 찾아볼 수가 없다. 과장을 조금 섞어 언급하자면, 우리나라의 교육 당국은 거의 사회주의 국가 수준의 각종 규제와 철저한 통제를 하고 있는 것 같다. 교육 당국이 나서서 대학의 정원, 입학, 등록금, 대학원 등 거의 모든 업무에 대하여 어설픈 '당근과 채찍'을 휘두르며 대학의 개혁을 주도하고 있기 때문이다. 그 결과 각 대학은 대학 특유의 특성이나 전문화 과정 없이, 천편일률적인 모습을 갖추어 가는 것 같다. 심각한 반성과 고민이 필요한 시점이다.

마음을 열면 혁신이 온다

Chapter.4

열린계의 도전

수평적이고 개방적인 사고들이 '질서화'하고 있다.
경계와 벽을 모르고 세상을 누비던 유목민의
수평적 사고가 절실한 시대가 왔다.

– 김종래의 『CEO 징기스칸』중에서

마음을 열면 혁신이 온다

두드려라!
그럼,
열릴 것이다!

숙박 공유 주선업체인 '에어비앤비' 창업자 조 게비아는
"남들이 '너 미친 거 아니냐'고 하면
제대로 하고 있다는 증거"라고
말해 환호를 받았다.
우리 사회도 실패와 도전을 경영하는 시대다.
아직 사회에 첫발을 내딛지도 못한 20대들이
고작 몇 번의 실패로 좌절하고 주저앉는다면,
개인의 불행일 뿐 아니라 국가적 낭비다.

열린 세계의 도전, 열린 도전의 세계

필자는 전후 세대로서, 1970년에 대학에 입학했다. 그 무렵엔 나라도 국민도 참 가난했다. 매 학기 등록금 걱정은 물론이고 당장 목구멍이 포도청이었기에 하루하루 생활을 버티는 것조차 힘겨웠다. 등록금을 벌기 위해서 남의 집에 입주해서 과외를 하던 시절도 내게는 꽤 길게 있었다. 하지만 그때 당시 나를 비롯한 우리 또래의 학생은 힘들어도 밝은 내일을 위해 열심히 살아야겠다는 오기를 분명히 가지고 있었다. 말하자면 '헝그리 스피릿'으로 미래에 대한 희망과 꿈을 버리지 않았고, 힘든 와중에 대학생으로서의 낭만도 짧게나마 챙겼던 것 같다.

필자가 대학에 입학한 해로부터 어느덧 46년이 지났다. 그 사이 근대화를 위한 우여곡절의 시대가 지나갔고, 한국인은 소위 '한강의 기적'을 이루어 생활수준이 부쩍 올랐다. 우리는 이런 풍요로움 속에 2016년의 젊음을 살고 있는 셈이다. 우리의 국민 평균 소득과 생활수준이 감히 46년 전의 모습을 상상할 수 없을 정도로 향상된 지금의 시대를 사는 대학생에게선

안타깝게도 과거 학생들이 가졌던 열정과 낭만을 찾아보기 힘들다.

'지금은 가난하지만, 내일을 위하여 열심히 하면 성공할 수 있다'는 믿음을 가지고 '헝그리 스피릿'으로 달렸던 과거와 달리 밑도 끝도 없는 경기 침체, 갈수록 심해지는 취업난 속에서 좌절하는 젊은이들을 보면 인생의 선배로서 안쓰러운 마음도 든다. 하지만 대학 합격 발표가 나자마자 입학하기 전부터 예비 대학생들이 취업과 자격증 관련 학원에 등록하러 간다는 소식을 접하노라면 서글픔을 넘어 걱정이 앞선다. 이들은 머잖아 나라와 세계의 미래를 이끌어 갈 동량들 아닌가! 20대, 특히 대학생이라면 큰 꿈으로 미래를 설계해야 할 시기다. 자신의 창의적 소양을 계발하고 새로운 일에 도전하며 미래를 일구어나가야 할 때, 우리 대학생들이 무조건 안정적 직장을 구하는 일에만 몰두한다면 우리 사회의 발전은 과연 그 누구에 의해 모색되고 실천될 수 있을 것인가?

물론 사회의 일원으로서 직장을 구하고 경제 활동을 하는 일은 무엇보다도 중요하다. 하지만 그보다 더 중요한 것이 있다면, 인생의 방향을 결정하는 일이라 할 수 있다. 세상이 너무나 빠르게 변화하고 있다는 사실을 고려한다면 더욱 그렇다. 평균 수명은 점점 늘어나고 있지만 '평생직장'이란 말은 이미 사라지고 있다. 대기업의 평균 근속 연수조차 이제는 약 10년밖에 되지 않는다. 이러한 상황에서 우선시되어야 할 일은 무엇을 하고 싶은지, 어떻게 삶을 살고 싶은지를 고민하는 것이다. 무작정 눈앞의 안정된 직장만을 찾을 게 아니라, 더 넓은 시야에서 인생을 바라볼 필요가 있다는 얘기다. 어떤 자격증을 따고, 어느 기업에 입사 원서를 쓸지는 그다음에 생각해 볼 문제이다.

더는 잃을 것이 없다는 마음으로 어떻게든 버텼던 우리 세대와 달리, 부모의 관심 아래 온실 속의 화초처럼 자란 요즘의 젊은이들에게 용기와 약간의 무모함을 기대하는 것은 어쩌면 어려운 일인지도 모른다. 그러나 자신의 삶은 그 누가 아닌 자기 스스로가 책임을 져야 한다는 사실을 깨닫는다면, 글로벌한 환경 속에서 성장해왔으며 네트워크와 소통에 능한 요즘의 젊은이들이 분명 기성세대는 생각지도 못한 방법으로 변화를 만들어갈 수 있으리라 믿는다.

그래도 패기와 열정을 지닌 몇몇 젊은이들이 실패를 두려워하지 않고 스스로 자신의 미래를 개척해나가고 있다는 소식은 매우 고무적이다. 우리 사회는 이들의 도전에 힘을 북돋워 줘야 한다. 지난해 필자가 총장으로 봉직 중인 대학의 한 학생이 필자에게 페이스북을 통해 메시지를 보낸 적이 있다. 창업의 꿈을 이루고자 노력 중인데, 휴학 기간 제한의 학칙에 걸려 꿈을 피워보기도 전에 꺾이게 되었다는 사연이었다. 이 소식을 접하자마자 나는 관련 부서에 검토를 지시해, '창업 휴학 제도'를 신설하고 곧바로 시행하도록 했다. 필자가 만약 원칙만을 고수하는 고루한 입장의 기성세대였다면, 그 학생의 도전에 큰 걸림돌이 되었을지도 모를 일이다. 하지만 이렇게 기성세대와 젊은 세대의 원활한 소통을 통해 작은 변화부터 만들어 나간다면, 현실에 안주하지 않고 새로운 길을 개척해 나가려는 젊은이들이 점점 많아지지 않을까. 그것은 결국 우리 사회를 더 나은 방향으로 이끌어나가는 원동력이 될 것이다.

열린계 정신의 으뜸은 도전정신

20대가 살아가기에 녹록지 않은 세상이다. 무엇보다도 취업의 문턱이 훌쩍 높아져 좌절하는 청년들이 많다. 하지만 한 편에서는 힘든 상황에서도 새로운 길을 모색하는 학생들이 오늘도 열심히 구슬땀을 흘리고 있다는 사실을 잊지 말아야 한다.

요즘의 기업은 취업 준비생에게 8가지 스펙을 요구한다고 한다. 학벌, 학점, 토익, 자격증, 어학연수, 수상 경력, 인턴 경험, 봉사 활동이 바로 거기에 해당한다. 이 중 한두 가지를 갖추기도 쉽지 않아 보이는데 모든 조건을 갖추고도 취업하기 어렵다고 하니, 취업난이 얼마나 심각한지 새삼 느끼게 된다. 하지만 아무리 어려운 상황이라도 그것을 타개할 방법은 항상 존재하기 마련이다. 수많은 경쟁자 사이에서 자신만의 강점은 무엇이 될 수 있을지 고민하고 그것을 개발하기 위해 노력한다면 분명 차별성을 가질 수 있을 것이다. 그 과정에서 가장 중요한 덕목은 도전 정신이다. 누구나 아이디어를 떠올릴 수는 있지만, 그것을 실천에 옮기고 직접 부딪혀 도전하는 사람은 많지 않다. 자신만의 데이터베이스를 바탕으로 각종 공모전을 휩쓴 서강대학교 경제학과 이원빈 학생은 무한한 가능성을 발견할 수 있는 사례 중 하나이다. 바쁜 학사 일정 속에서도 관심 분야를 파고들어 아이디어를 구상하고, 강점을 만들어 용기 있게 도전하는 이원빈 학생의 모습은 분명 박수를 받을 만하다.

공모전 | 휘날리며

– 도전정신으로 공모전을 평정한 **이원빈**(경제 10) **학생 인터뷰**

작년 6월 24일 열린 '학교발전 Idea 시상식' 대상, 7,500명 중 20명에 뽑혀야만 영국으로 갈 수 있었던 '와삭바삭 글로벌 원정대 1기', NH 농협생명 '사회공헌 아이디어 대학생 공모전' 장려상 등 공모전에서 눈에 띄는 활약을 하는 재학생이 있다. 그 주인공은 아직 학교에 재학 중인 이원빈(경제 10) 학생. 학교에 입학한지 올해로 4년째인 그가 가지고 있는 도전 정신과 그만의 공모전 노하우를 들어보자.

SFC 최근 서강 IDEA 공모전에서 대상을 수상했습니다. 평소에도 학교에 대해 많은 생각을 하고 있었나요?

이원빈 사실은 제가 '학생 설계 전공'을 하고 있어요. '학생 설계 전공'을 하고 있다 하면 그에 대해 관심이 있고, 하고 싶어 하는 학생들은 많지만 대부분의 친구들이 알지 못해서 시도조차 못해 보는 경우를 많이 봤거든요. 그때부터 '학생 설계 전공'이 좀 더 많은 학생들에게 알려지면 좋겠다고 생각했습니다. 설계 전공을 어떻게 하면 더 홍보하고 활용할 수 있을까를 고민하던 중에 학교에서 공모전이 열린 것을 계기로 마음 맞는 친구들과 생각을 더 확장해서 도전하게 된 거죠. 저와 같은 팀을 했던 친구는 응용통계학과라는 설계 전공을 준비하고 있는 친구였어요. 제 주변에는 부동산학과, 인류학과, 응용통계학과 등 설계 전공에 도전한 친구들이 많았던 것도 좋은 기회였죠.

SFC NH 농협생명에서 주관한 '사회 공헌 아이디어 대학생 공모전'에서 장려상을 수상했는데 어떻게 준비했나요?

이원빈 원래 하고 싶었던 공모전이었고, 제가 공부하던 분야와 맞았어요. 이 공모전은 '사회공헌 아이디어'를 통해 캠페인을 제안하는 건데, NH 농협 생명에서 제시한 양식에 따른 보험 설계 방향 두 가지 중 하나를 계획하면 되는 거였죠. 저의 설계전공은 보험계리학과입니다. 그만큼 보험 상품 자체는 원래부터 관심이 있던 주제였죠. 과거 대외활동으로 알리안츠 생명을 했는데 그 활동해서 1등을 해 알리안츠에서 인턴 하는 친구와 함께 도전했던 것도 성공 요인이었어요. 조모임부터 공모전까지, 무슨 활동이든 함께하는 팀원과 팀워크도 중요한 요소니까요.
그리고 저는 PPT나 평소의 이슈사항을 데이터베이스화해서 저만의 폴더에 전부 저장을 해요. 대외활동이나 공모전이 다 똑같은 게 학생들이 회사를 설득하고 마음에 들어야 하는 거잖아요. 그런데 아무리 완벽한 생각도 근거가 없으면 설득하기가 어렵습니다. 결국, 가장 중요한 건 내가 어떤 아이디어를 가지고 있든 그것을 구체화하고 근거를 제시하는 건데, 갑자기 자료를 찾으려고 하면 그에 맞는 자료 찾기가 매우 어려워요. 다행히 NH 농협생명에서 주관한 이번 공모전은 영알리안츠에서 활동하면서 만들었던 큐레이스 커머스를 활용해 같은 제안이더라도 더 다양한 근거를 다룰 수 있었던 게 큰 강점이었던 것 같습니다.

SFC '와삭바삭 글로벌 원정대 1기 (이하 '와글대')에 선정되어 영국에도 다녀왔는데, 수많은 경쟁자들을 물리치고 뽑힐 수 있었던 이유가 무엇이라고 생각하나요?

이원빈 '와글대' 미션을 수행하던 그때는 정말 시간이 없었어요. 7,500명 중 1차 합격자인 100명에 뽑힌 다음 최종 20명에 들기 위해 2주 동안 미션(여행 계획서와 하나은행 영업점이 더 성장하기 위한 아이디어)을 수행했죠. 특히, 하나은행 영업점이 더 성장하기 위한 아이디어는 PPT로 만들어 발표해야 했는데, 이 모든 걸 2주 안에 끝내기가 굉장히 어려웠어요. 또, 8박9일 동안 여행하기 위한 여행계획서도 어떤 주제로 짜야 차별화가 될지 고민이 많았고요. 결국, 기존에 써왔던 자료들을 활용해서 예전 대외활동 때 조사했던 영알리안츠 캐릭터 마케팅을 하나은행에도 활용했습니다. 과거 영알리안츠에서 처음 작성할 때는 근 한 달이 걸렸는데, 아무래도 기존에 찾아둔 자료가 있어 근거도 쉽게 만들고 2주라는 시간 안에 완성할 수 있었죠. 만족스럽진 않아도 좋은 반응을 얻어 그 당시 1등으로 영국에 갈 수 있었습니다. 사실 적은 시간으로 인해 아이디어 자체는 모든 팀이 비슷했어요. 그런데 1등으로 뽑힌 이유는 근거가 제일 탄탄했기 때문이죠. 이런 측면에서 보면 데이터베이스를 만들어둔 점이 가장 큰 도움이 되었던 것 같아요.

SFC 학교에 재학 중인데도 여러 공모전이나 대외활동에서 뚜렷한 성과를 거두고 있는데, 자소서나 기획서를 쓰는 나만의 방법이 있나요?

이원빈 평소에 데이터베이스를 많이 쌓아둬야 합니다. 저는 자기소개서, PPT 템플릿과 이슈사항의 폴더들이 각각 정리되어 있어요. 이런 것들을 모아두면 접목하기도 편하고 테마도 PPT

툴이 세팅된 상태에서 진행할 수가 있죠. 그리고 데이터베이스가 많으면 학교 수업에서도 쓰기 편해요. 이번 계량 경제학 수업을 들을 때도 모아뒀던 기존의 템플릿을 활용해 쓰니 팀원들이 굉장히 좋아했어요. 덕분에 조모임도 수월하게 진행될 수 있었습니다.

공모전의 경우는 근거를 구체화 시키는 게 제일 중요하므로 데이터베이스를 모아두는 건 아무리 강조해도 지나치지 않습니다. 그리고 팀원 구성도 정말 중요한데, 내가 약한 부분을 다른 사람이 채울 수 있는 역할 분담을 만들어야 해요. 그래야 무임승차도 생기지 않고 다양한 아이디어가 나올 수 있어요.

자기소개서의 경우는 딱히 답이 있는 건 아닌 것 같습니다. 저는 어디에 지원하든 항상 저장해 둔 20개 정도의 축적된 자기소개서가 있어요. 이렇게 모아두면 다른 회사에 지원할 때 기존의 자기소개서를 다시 한 번 스스로 퇴고할 기회를 얻습니다. 그러면 나중에 점점 더 좋은 자기소개서가 쌓일 수 있게 되죠.(18)

---

(18) 서강대학교, 『SFC 뉴스레터』 vol. 296, 2013년 7월 9일자.

취업보다는 창업, 도전의 크기를 바꿔라

한편, 통통 튀는 아이디어와 실력을 바탕으로 창업을 준비하는 학생들도 있다. 불과 몇 년 전까지 만해도 우리나라에서 학생이 창업하는 사례는 흔치 않았다. 스마트폰의 보급과 함께 미국 실리콘 밸리를 중심으로 한 스타트업Start-Up의 열풍이 우리나라에까지 전해졌고, 실력 있는 많은 청년이 새로운 도전을 선택하는 중이다. 사실 현재 우리 사회에서 '창업'은 보편적으로 인정받는, 성공적인 진로 선택이라 할 수는 없다. 그렇지만 젊음과 열정을 무기로 과감히 도전하는 것, 그것만

으로도 분명히 박수 받을 만하다고 생각한다.

서강대학교 창업센터는 2014년도부터 '산학협력 선도대학 LINC 육성사업'에 선정되어 체계적인 창업 교육을 통해 학생 창업 역량을 강화하여, 실제 학생창업으로 연결해주는 창구 기능을 수행하고 있다. 올해로 4회째를 맞는 '학생 창업 경진대회'를 운영 중이며, '창업 캠프', '창업 멘토링', '서강 Start-Up 포인트제도' 등 다양한 지원 사업도 펼치는 중이다.

사실 사회생활도 해보지 않은 학생들이 아이템을 구하고 함께할 인력을 모집하는 등의 과정을 거쳐 창업을 실행에 옮기려면 막막할 수밖에 없다. 자신이 생각한 아이디어가 과연 시장가치가 있는지, 좀 더 보완해야 할 부분은 없는지 혼자 고민해서는 절대 풀리지 않을 문제들에 계속 부딪히게 된다. 학생들의 스타트업을 보다 활성화하기 위해 서강대학교가 2011년부터 열고 있는 '학생 창업 경진대회'는 창업을 준비하는 학생들의 고민을 해결하고 그들에게 실질적인 도움을 주려는 제도다. 경진대회에 참가한 학생들은 교수와 전문가로 구성된 심사위원으로부터 아이디어를 평가, 보완 받을 기회를 얻는다. 특히 수상자에겐 상금과 함께 서강대학교 비즈니스센터를 통해 창업 관련 정보와 정부 창업 지원 사업에 대한 멘토링을 받을 수 있으며, 교내에 있는 산학 협력단과 기술지주회사 등의 단체로부터 지속적인 도움을 얻을 수 있다.

2014년 1월에 새롭게 신설한 '스타트업 연계전공' 또한 창업을 준비하는 학생들을 위해 만들어졌다. '연계전공'이란 두 개 이상의 전공을 연계하여 서로 다른 계열의 학문을 융합하는 안목을 기를 수 있도록 하는 서강대만의 독특한 전공 제도다. 창업의 꿈을 가지고 있지만, 기술이나 관련 지식이 많지 않아 선뜻 도전하기 어려운 학생들은 제2, 제3의 전공으로 '스타트업 전공'을 선택하여 이수할 수 있다. 예를 들어 이공계 학생이 연계전공을 통해 경영학 수업을 이수한다면 창업을 하였을 때 필요한—제품에 들어가는 기술이나 제품이 만들어지는 공정에서부터 홍보, 판매, 경영에 이르기까지 거의 모든—시스템을 이해할 수 있는 안목을 키울 수 있게 된다.

스타트업 전공의 커리큘럼은 '기초과정', '혁신 및 융합 과정', '창업 및 기업가 정신 과정'으로 크게 나뉜다. 이는 비즈니스맨과 엔지니어의 사고를 갖추고 인문학적 감수성과 커뮤니케이션 스킬로 무장한 스타트업 전문가를 기르기 위한 커리큘럼의 구성이라 할 수 있다. 그뿐만 아니라 교수와 외부 전문가 멘토가 학생들을 지도해 아이디어나 제품 또는 비즈니스 모델을 개발하는 데 도움을 주고, 팀별로 3D 프린터 등 실험 장비와 연구실 등을 제공하며, 학생 전원에게 원하는 분야의 멘토를 연결해주는 등 다양한 기회를 얻을 수 있도록 했다.

이젠 빌 게이츠나 스티브 잡스처럼 창업을 위해 대학을 중퇴해야 할 이유가 없다. 오히려 대학의 체계적인 지원을 통해 학생은 시행착오를 줄이고 사업성과 전문성을 더욱 높일 수 있게 되었다. 이제 시작하는 단계에 불과하지만, 이러한 변화와 시도들이 결국 성과를 낳게 되고 그것이 개인의 발전, 대학의 발전 그리고 우리 사회의 발전을 이끌어낼 것이라 나는 믿는다. 그리고 그 발전을 이뤄낼 주역은 다름 아닌 지금 이 시각에도 밤새워 고민하는 20대 젊은이들일 것이다.

제3회 서강대학교 창업경진대회에서 대상을 수상하고 금융상품 비교 서비스 '뱅크샐러드(www.banksalad.com)'를 운영하는 회사 '레이니스트'를 창업한 김태훈(경영04) 동문과의 인터뷰

1] 취업 대신 창업을 선택한 계기

사실 취업, 창업이나 고시 등의 진로를 나눠서 생각하지 않았어요. 관심이 가는 일을 할 뿐 '나는 창업을 하겠다' 혹은 '나는 취업을 하겠다' 이런 계획이 없었던 거죠. 학교 앞에서 호떡 장사할 때도 그냥 하고 싶어서 했고, '호떡 장수가 되어야겠다'고 생각한 건 아니었고요. 창업이라는 단어조차도 창업하기 전에는 생소한 단어였어요. 학교 다니는 중에 관심 가는 것에 대해서 점점 알아가고 또 행동하다 보니까 그저 '하게 되었다'는 표현이 맞는 것 같아요. 지금도 학교 다닐 때와 마찬가지로 그저 제가 좋아하는 일들을 과거의 인연에 맞게 하는 중이 아닌가 하고 생각합니다. 그렇게 보면 저는 확실히 호기심은 많은 것 같아요. 일단 하고 싶은 게 많으니까.

2] 창업을 시작하고 가장 어려웠던 점

가장 어려웠던 점은 판단의 기준을 세우는 것이었어요. 저 개인은 다가오거나 주어지는 일에 대해 가리는 편이 아니지만, 기업으로서는 그렇게 할 수 없더라고요. 저 혼자만 책임질 수 있는 일이라면 부담 없이 판단하겠는데, 우리 팀원들을 비롯한 타인들의 삶에 영향을 끼치게 되니까. 창업 후, 하루도 쉬운 날이 없었어요. 모든 일이 '판단'이었으니까요. 2년쯤 지나니, 이제야 조금 기준이 서는 것 같아요. 절대 쉬워진 건 아니고요.

3] 어디서 아이디어를 얻었는지

신용 카드를 발급받을 일이 있어 은행에 갔어요. 가입조건부터 혜택 종류까지 너무 복잡해서 창구 직원분이 추천하는 카드를 발급받았는데, 집에 돌아와 생각해보니 이상했어요. 신용 카드 혜택이라는 게 A 백화점 5% 할인, B 통신사 10% 할인 사용금액 3% 적립 등 지극히 정량적인 것이잖아요. 그런데 사람들이 판단하는 기준은 정량적인 것이 아니라 '얼마나 내게 정성을 들이는가'에 있더라고요. 카드를 택하는 이유가 '아는 사람 추천', '주거래 은행이라서'와 같으니까요. 정량적인 기준, 그중에서도 가장 타당한 기준인 '내 소비 패턴'으로 카드를 고르는 게 제일 타당한 접근 방법이 아닌가 생각했어요. 그렇게 시작하게 된 것이 내 한 달 소비 금액을 입력하면 나에게 꼭 맞는 카드 한 장을 추천해주는 서비스, 뱅크샐러드(www.banksalad.com)이예요.

4] 서강대학교가 창업 선택에 미친 영향

서강대는 비단 창업 선택뿐만 아니라 제 인생에 가장 큰 영향을 끼친 고마운 곳입니다. 20대 이후 저에게는 어머니이고 아버지이죠. 제가 창업에서 성공한다면 아마도 모교에서 배운 것들이 가장 큰 영향을 끼쳤을 것이에요. 서강대의 잔잔한 교풍에서 오는 독특한 가르침들, 항상 정도를 걷고 다른 것들보다 가치관을 중요시하는 학풍. 이런 것들이 제가 기업을 세우고, 비전을 확립

하고, 사람을 모으는 데 많은 영향을 끼쳤어요. 물고기를 준다기보다는 물고기를 잡는 법을 가르쳐주는 학교? 잔잔한 모교의 교풍이 생각하는 힘을 길러줘서 어디서든 다르게 사고하고 가치관을 정립할 수 있게 해준 것 같아요. 제가 제 기준을 올바르게 세울 수 있게 도와준 곳이죠.

5] 창업을 고민하는 후배들에게 조언

물어보고 연대하고 행하세요. 생각만 하다가 하지 못하고 후회하는 경우가 얼마나 많습니까? 대단한 사람은 없고, 많이 경험해 본 사람이 있을 뿐이라고 생각해요. 누군가에게 모르는 것을 물어볼 때는 아무런 비용도 들지 않아요. 행동이 앞서면 욕먹는다고 생각하는데, 그렇지 않은 경우가 대부분이랍니다. 20대에는 생각이 많은 것보다 시행착오가 많은 게 더 자산이라고 생각해요. 다만 자신의 욕심이 아니라 가치관을 정립한 상태일 때, 자신의 시행착오들이 진정한 '자산'이 될 것입니다.[(19)]

---

(19) 서강대학교 공식블로그, 『나는 서강인/서강 Pride』, "특별한 서강, 특별한 대학생활 (2): 창업에 뛰어들다: 김태훈(경영 04)동문과의 인터뷰", 2014년 8월 19일자.

실패를 연구하는 시대!!
도전으로 닫힌계를 뚫자!

얼마 전 지인으로부터, 미래창조과학부가 주최한 '재도전 컴백 캠프'에 참여해 많은 용기를 얻었다는 이야기를 들었다. 벤처기업 CEO의 재도전을 응원하기 위한 행사였다고 한다. 하지만 약간의 씁쓸한 기분도 감출 수 없었다. 우리 사회가 한 번 실패한 사람들에 대해 그동안 얼마나 가혹하게 대했으면 정부가 나서서 재도전 캠프까지 열어야 했나 하는 생각이 들어서였다.

도전은 언제나 쉽지 않다. 오죽하면 도전挑戰이라는 한자에 정면으로 맞서 싸운다는 뜻이 있을 정도겠는가. 한번 도전도 쉽지 않은데 하물며 실패를 겪고 난 후 다시 도전하는 일은 오죽하랴. 재도전하는 이들은 언제나 주위의 싸늘한 시선과 열악한 환경, 재정적인 어려움과 싸워야만 한다.

그러나 우리는 언제나 이 사회가 실패를 밑거름 삼아 성장한다는 점을 잊지 말아야 한다. 실패가 없으면 성공도 없다. 말로만 '다시 도전하라'고 격려하는 일은 아무 의미도 없다. 실패를 딛고 일어설 수 있도록 모든 사회 시스템이 바뀌어야 한다. 미국 실리콘밸리 투자자들의 투자 1순위는 두 번 실패한 기업이란다. 다시 도전하는 힘이 있는 나라가 바로 미래가 있는 나라이다.

어쩌면 20대는 '실패'를 처음 경험해보는 시기라고 할 수 있겠다. 학교라는 울타리 안에서 보호를 받았던 청소년기를 지나 대학 입시, 사회 진출 등의 관문을 거치면서 처음으로 인생의 쓴잔을 맛보게 된다. 아마 대부분의 청년은 실패를 경험하지 않고, 원하는 바를 모두 이루며 승승장구하는 삶을 꿈꿀 것이다. 또 그것을 위해 열심히 노력할 것이다. 하지만 과연 실패 없는 삶이 존재할까? 오히려 실패의 경험을 바탕으로 성공을 이루는 경우가 훨씬 더 많다. 실패를 낙오로 여길 게 아니라 그 안에서 가능성을 찾아야 한다.

최근에 실패는 단순한 교훈으로 그치지 않고 연구의 대상이 되기 시작했다. '실패학'은 80년대부터 경영관리 분야에서 응용되고 있는 분야다. 제조업에서 지금도 중요하게 다뤄지는 '전사적 품질관리TQM', '6 시그마' 등은 결점을 줄여 품질관리를 손쉽게 하기 위한 노력 끝에 만들어진 결과물이다. 제조업 분야의 글로벌 기업들은 제품을 개발하거나 품질을 개선할 때 항상 실패분석 보고서를 만든다. 실패의 원인을 분석하고 개선 방안을 찾다 보면 그것이 결국 혁신의 원동력이 되는 것이다.

우리가 누리는 첨단 기술은 모두 수없이 많은 실패 끝에 탄생했다. 신차 개발에 수천억 원을 들이는 이유는 새로운 기능을 접목한 차량의 안전성을 완벽한 수준으로 끌어올리기 위해서 수많은 시행착오가 필요하기 때문이다. 제약 분야에서도 마찬가지다. 신약을 하나 개발하는 데에 짧게는 10년, 길게는 30년 정도가 걸린다. 그 오랜 시간 동안의 실패가 축적되어 결국 하나의 성공작이 나오는 것이다. 결국, 기업이 연구개발에 투자하는 것은 실패에 투자하는 것이라고 볼 수 있겠다.

주요 선진국이 우주 강국이 된 점 역시 끊임없이 실패의 원인을 제거한 결과다. 86년 1월 미국의 우주왕복선 '챌린저'는 발사 73초 만에 공중에서 폭발해 승무원 7명이 전원 사망했다. 추운 날씨로 인해 고무패킹 한 개가 제 역할을 하지 못한 게 원인으로 확인됐는데, 미국은 그때의 경험을 살려 발사 기술의 완성도를 높였다. 공학 분야뿐 아니라 인문, 예술 분야에서도 실패 끝에 성공한 사례가 무수히 많다. 『모비딕』을 쓴 허먼 멜빌은 뉴욕 세관 공무원으로 19년간 일하며 글을 썼다. 하지만 자신의 책을 출간해줄 출판사를 찾지 못해 자비 출판을 했고 늘 돈에 쪼들려야만 했다.

미국의 디즈니랜드 신화를 만들어낸 월트 디즈니는 자신이 그린 그림을 잡지사로 가져갔지만 퇴짜를 맞았다. 그러나 그는 포기하지 않고 계속 그림을 그렸다. 어느 날 그의 작업실에 쥐 한 마리가 나타났고, 쥐에게 빵 한 조각을 주며 귀엽다고 생각한 디즈니는 여기에서 영감을 얻는다. 얼마 후 그는 생애 첫 애니메이션인 《행운의 토끼》와 《오스왈드》를 제작한다. 첫 작품은 흥행에 실패하지만 디즈니는 포기하지 않고 계속해서 작업실에서 만난 생쥐를 그렸다. 이와 같은 그의 집념이 결국 어린이들이 좋아하는 캐릭터인 '미키 마우스'를 탄생시켰고 오늘날 세계적인 디즈니랜드의 신화를 만들어 낸 것이다.

더욱 혁신적인 사고가 요구되는 벤처 분야에서는 실패를 보다 더 적극적으로 활용한다. 실리콘밸리에서 탄생한 '실패 콘퍼런스'인 '페일콘FailCon'은 기업가들이 서로 구체적인 실패 사례를 논의하고 아이디어를 얻는 자리다. 벤처 기업가들이 모여 자신의 실패담을 공유하고 "이렇게는 하지 말라"는 교훈을 나누는 현장인 셈이다. '실패'를 주제로 삼은 이 회의는 큰 성공을 거뒀다. 2008년 실리콘밸리에서 처음 개최된 후 일본,이란,스페인 등으로 확산하여 개최됐다. 이 회의의 신조는 "실패를 껴안고 성공을 만들자"이다. CNN은 '실패자들의 커밍아웃 파티'라고 회의에 대해 보도했고, 미 공영 라디오 NPR은 "실리콘밸리가 사랑하는 단어인 '실패'에 초점을 맞췄다"고 소개했다. 회의에 참석한 '마이스페이스' 공동 창업자인 크리스 드월프는 "다이어트를 종용하는 해괴망측한 광고를 보며 내 회사에 대한 제어력을 상실했음을 깨달았다"고 털어놨다. 숙박 공유 주선업체인 '에어비앤비' 창업자 조 게비아는 "남들이 '너 미친 거 아니냐'고 하면 제대로 하고 있다는 증거"라고 말해 환호를 받았다.

우리 사회로 돌아와 이야기해보자. 이제 우리 사회도 실패에 대한 인식을 바꿔야 한다. 다른 선진국에 비해 한국에서 R&D에 대한 투자가 부족한 면도 어쩌면 실패를 용납하지 않는 사회 분위기 때문인지 모른다. 하지만 지금은 실패를 경영하는 시대다. 아직 사회에 첫발을 내딛지도 못한 20대들이 고작 몇 번의 실패로 좌절하고 주저 앉는다면, 개인의 불행일 뿐 아니라 국가적 낭비다. 실패에서 가능성을 찾고 실패한 자에게 응원을 보내는 사회를 만들어 나가는 것, 이는 지금 우리에게 가장 시급한 과제라 할 수 있다.

"실수는 하면 안 되지만 실패는 괜찮다"

– 한국 영화 산업을 움직이는 손, 쇼박스㈜미디어플렉스 **대표 유정훈** (경영83) **동문 인터뷰**

2012년, 우리 학교 동문 최동훈(국문 90) 감독의 영화 《도둑들》이 1,298만 명의 관객을 끌어 모으며 한국 영화계의 역사를 새로 썼다. 《도둑들》은 화려한 스타캐스팅과 짜임새 있는 시나리오, 탄탄한 연출 등으로 상영 기간 내내 숱한 화제를 몰고 다녔고 결국 역대 한국 영화 흥행순위 1위('영화진흥위원회' 순위 기준)에 오르는 기염을 토했다.

그런데 이러한 《도둑들》의 성공 뒤에는 또 한 명의 서강 동문이 자리하고 있다. 최동훈 감독이 모두가 주목하는 《도둑들》의 주인공이라면 이 사람은 《도둑들》의 숨겨진 주인공이다. 그는 지난해 《도둑들》뿐만 아니라 《범죄와의 전쟁》도 흥행시켰으며 2011년에는 《조선명탐정》을, 2010년에는 《의형제》를 흥행 배급시켰다. 이들 흥행작 외에도 매해 열 편이 넘는 영화들이 그의 손을 거쳐 관객들과 만난다. 바로 국내 굴지의 투자배급사 '쇼박스㈜미디어플렉스'(이하 '쇼박스')의 유정훈(경영 83) 대표다.

그에게 '쇼박스'가 지금까지 투자 · 배급해 온 수많은 영화 중에서 가장 성공한 사례와 실패한 사례를 물었다. 그러나 유정훈 대표는 성공과 실패라는 말을 쓰기에 앞서 그것이 무엇을 의미하는지를 분명히 하고 싶다고 말했다. "단순히 흥행만으로 성공과 실패를 따진다면 흥행순위 1, 2, 3위가 가장 성공적인 사례일 것이고 뒤에서 1, 2, 3위가 가장 실패한 사례일 것입니다. 하지만 저는 성공과 실패를 그렇게 규정하고 싶지 않습니다. 영화에 투자할 때마다 저는 저 나름의 기준과 목표를 세우는데 그에 따라서 '성공적이었는가?', 혹은 '아쉬웠는가?'로 나뉘곤 하죠."

유정훈 대표에게 있어서 가장 성공적이었던 영화는 《도둑들》이었다. 단순히 흥행에서 성공적이었기 때문이 아니라 그가 계획했던 모든 부분에서 목표를 달성했기 때문이다. 그는 전부터 최동훈 감독과 함께 작업하길 원했고 최동훈 감독과 대한민국의 흥행기록을 갈아 치우길 원했다. 그렇게 함께 아이템을 협의했고 배우를 캐스팅했으며 마케팅 전략도 새로 짰다. 결과는 대성공이었다. 수많은 할리우드 대작들이 즐비했던 시기였음에도 불구하고 《도둑들》은 지난해 최고의 화제작으로 떠올랐다. 그는 또한 《도둑들》의 성공을 발판삼아 올해도 《도둑들》을 뛰어넘을 커다란 프로젝트를 준비하고 있다고 전했다. 반면 가장 아쉬웠던 영화로는 《맨발의 꿈》을 꼽았다. 《맨발의 꿈》은 전직 축구선수가 내전의 상처로 물든 동티모르에서 아이들을 데리고 축구팀을 결성하는 휴먼드라마로 2010년에 개봉해서 약 40만 명의 관객을 모았다. 규모가 크지 않은 영화이긴 했지만 제작 초기부터 조금씩 기획의도가 벗어나기 시작하더니 이윽고 마케팅과 배급에서도 모두 목표달성을 하지 못했다. 비록 영화를 본 관객들로부터는 호평이 이어졌으나 여러모로 아쉬움이 많이 남는다.

"하지만 저는 실수는 하면 안 되지만 실패는 괜찮다고 생각합니다. 실수를 내가 모르고 하는 것이라고 했을 때 이는 스스로가 그만큼 철저하지 못했다는 뜻이거든요. 반면 실패는 내가 어떠한 것을 의도했음에도 불구하고 목표를 달성하지 못하는 뜻이죠. 실패는 적어도 교훈을 남겨줍니다. 그리고 이후의 성공을 이끕니다. 《맨발의 꿈》 역시 결과가 아쉽긴 했지만, 그 뒤로 똑같은 실패를 반복하지 않을 수 있도록 해준 고마운 영화입니다."[20]

(20) 서강대학교, 『SFC 뉴스레터』 vol. 288, 2013년 5월 14일자.

한국형 스티브 잡스의 탄생을 꿈꾸며…

앞에서도 언급한 것처럼 고등학교 때부터 문과와 이과를 구분하여 교육하고 그것이 대학까지 그대로 이어지는 지금 우리나라의 교육 시스템은 과연 언제까지 유효할까? 공학과 인문학이 어우러져 탄생한 제품들이 주목받는 요즘 같은 시대에는 맞지 않는 제도임이 분명하다. 실제로 학문 간의 융합은 학계에서뿐만 아니라 비즈니스 영역에서도 다양하게 활용되고 있다. 이러한 글로벌 세태에 따라가려면 교육부터 바뀌어야 한다. 경영학을 모르는 공학도, 철학을 모르는 경영학도는 이제 남들보다 앞서나갈 수 없다. 서강대 지식융합학부 '아트&테크놀로지Art&Technology' 전공은 이러한 변화에 발맞추고자 신설되었다. 2012년 3월 처음으로 신입생을 선발하였으며 학문 간 융합이 가능한 인재를 양성하는 것을 목표로 하고 있다. 미국 카네기 멜론 대학교의 Entertainment Technology Center를 모델로 수립되었다.

융합을 가능하게 하도록 아트&테크놀로지 전공은 인문학적 상상력, 문화 예술적 감성, 첨단 공학을 창의적으로 융합한 새로운 형태의 교육시스템을 갖추고 있다. 'Creation, Beyond Imagination(상상, 그 이상의 창조)'을 슬로건으로 내건 아트&테크놀로지 전공 교육의 핵심은 직관과 통찰에 의한 창의적 발상, 표현방법, 구현기술 등에 대한 이해를 바탕으로 융합프로젝트를 수행하는 데에 있다. 이러한 교육시스템을 통해 학생들은 산업현장과 긴밀하게 연계된 프로젝트를 수행할 수 있다. 또한, 동기를 부여하는 멘토링 시스템이 운영되고 있어서 학생들은 전문가를 통해 현실적인 감각 및 현장의 노하우를 제공받을 수 있으며, 산업 현장에 대한 이해력을 키울 수 있다.

흔히 우리의 머릿속에는 두 개의 인격체가 살고 있다고 한다. 사람의 대뇌에서 좌뇌와 우뇌는 상당 부분 중복되는 역할을 하지만, 또한 확연히 다른 특별한 기능을 각자 수행하기 때문이다. 좌뇌는 논리성, 합리성, 언어기능 등을 담당하고 우뇌는 감성, 창의력, 시각적 기능, 사회성 등을 각각 담당한다. 이러한 좌뇌와 우뇌를 동시에 잘 활용할 수 있는 사람이 바로 Art&Technology 전공이 추구하는 융합적 역량을 갖춘 인재다. 이 전공은 한국형 스티브 잡스의 탄생을 꿈꾸며 만들어졌다. 기존 전공과는 다르게 학문 간의 경계를 뛰어넘어 인문학적 상상력, 문화 예술적 감성, 첨단기술의 공학을 창의적으로 융합한 새로운 형태의 교육시스템이다.

과학기술 측면에서는 거대 연구 및 융합기술시대가 도래했으며, 이러한 융합현상은 과학기술 간 뿐만 아니라 과학기술과 예술, 인문학, 사회과학 등 타 학문 간에서도 빈번하게 발생하고 있다. 사회문화 측면에서는 삶의 가치가 물질적 가치에서 인간적 가치로 이동함에 따라 정서적 웰빙, 문화와 엔터테인먼트, 대인 및 사회관계 등에 대한 관심이 높아지게 되었다. 한편 국가 경제 측면에서는 문화산업, 창의적 연구, 혁신 제품 및 신산업 기반의 경제체제로의 전환이 국가 정책적 과제로 부상하게 되었다. 이러한 변화는 획기적인 물질이나 기계의 발명 같은 주제에서 벗어나 인간 능력 및 삶의 가치를 향상하는 과학기술에 관한 연구, 개인의 행복 등에 대한 연구가 시대적으로 요구된다는 것을 의미한다. 또한, 문화, 예술, 콘텐츠로 부터 가치가 발생하고 경쟁력이 형성되는 이러한 융합 기술 산업 시대에서는 기술이 기술 자체로 존재하는 것이 아니라, 사람이 이용하기 쉽고 재미있어야 한다는 사실이 인문학을 통해 펴지고 있다. 지식과 학문의 융합현상과 함께 인문학이 끌어내는 상상력과 예술을 통해 발생하는 감수성이 21세기 인재의 필수적인 능력으로 인식되는 것이다. 향후 아트&테크놀로지 전공을 통해 배출된 미래형 인재는 기술과 문화의 혁신과 인문학의 산업화로 국가적 역량을 증진하는 동시에 인류의 미래를 더욱 풍요롭게 만드는데 이바지할 것이다.

20대의 열린계,
내가 무엇을 하고 싶은지를 찾아라!

미국의 오바마 대통령이 극찬한 바와 같이, 우리나라의 교육열은 세계 최고 수준이다. 점점 더 경쟁이 치열해지는 사회 구조 안에서, 갈수록 자녀를 한두 명만 낳는 가정이 늘어나다 보니 유아들을 대상으로 한 교육열까지 확대되고 있다. 대학 등록금보다 더 비싼 수업료를 내는 영어 유치원에 이어 요즘은 유치원에 가기 전 보내는 놀이학교가 자녀 교육의 필수 코스라고 한다. 동네 친구들과 흙바닥에서 신나게 뛰어노는 것만으로도 행복하던 우리의 어린 시절과 비교하면 격세지감을 느낀다.

그런데 문제는 이러한 교육 방법이 대부분 부모나 선생님들의 주도로 이루어지고 아이들의 자기 주도성은 점점 사라진다는 데에 있다. 그러다 보니 고등학교를 졸업할 때까지 그저 하라는 대로 공부해오던 학생들이 대학 입학 후에 소위 '멘붕'을 겪게 된다. 강의 시간에 교수의 설명을 이해하지 못했을 때 학원이나 문제집의 도움을 받을 수 없다는 사실에 좌절하고, 졸업 전 무엇을 어떻게 준비해야 할지 몰라 헤매다가 남들 하는 대로

'스펙 쌓기'에 열중하며 결국 또다시 학원을 찾게 되는 것이다.

인생의 방향을 정하고, 용기 있게 도전하기 위해선 그에 걸맞은 준비가 필요하다. 아무런 대비도 하지 않고 무작정 도전만 한다면 그것은 용기가 아니라 무모함이라고 밖에 볼 수 없다. 그렇다면 무엇을 어떻게 준비해야 할까? 우선 자기 자신에 대해 알아야 할 필요가 있다. 『개미』, 『뇌』 등의 저자로 유명한 프랑스의 소설가 베르나르 베르베르는 실패한 삶이란 자신의 의지대로 사는 것이 아니라 타인을 만족하게 하며 살아가는 것이라고 말한다. 아무리 사회적으로 인정받는다 하더라도 자신이 만족하고 행복함을 느끼지 못한다면 인생은 괴로울 수밖에 없다. 내가 뭘 원하는지, 무엇을 하고 싶은지를 찾는 것이 가장 먼저 해야 할 일이다.

무엇을 하고 싶은지를 찾았다면 자신만의 강점을 만들어야 한다. 이때 필요한 것은 자기 자신을 객관화하는 자세다. 내가 잘하는 것과 부족한 점은 무엇인지, 어떤 점이 더 필요하고 개발시킬 수 있는 부분은 무엇인지를 자세히 따져봐야 한다. 다른 사람들을 관찰하고, 그들의 말을 귀 기울여 듣는 것이 나 자신을 아는 데에 도움이 될 수 있다. 남들과 비교하며 자만심을 가지거나 자기 비하에 빠질 게 아니라 자신을 타인화하여 있는 그대로 혹은 객관적으로 바라보는 시선이 필요하다. 그것이 20대가 갖추어야 할 열린계 정신이다.

무엇을 하고 싶고, 그 일을 위해 무엇을 더 개발해야 하는지에 대해 알았다면 그것을 채우는 일이 마지막으로 남았다. 사람마다 제각각 필요한 부분이 다르겠지만, 모두에게 공통으로 필요한 것이 있다면 바로 독서다. 독서의 중요성은 아무리 강조해도 지나치지 않다. 두뇌를 자극하는 데에 독서만큼 좋은 것이 없다. 인풋이 있어야 아웃풋이 생기는 법이다. 아무것도 채워 넣지 않은 상태에서는 신선한 아이디어가 나올 수 없다.

효과적인 독서를 위해선 내용을 요약해 자신만의 파일을 만드는 것을 추천한다. 책 전체 내용의 요약이 아니라 가장 인상 깊었던 부분, 꼭 기억하고 싶은 부분을 발췌해서 따로 적어두는 것이다. 한 번 읽은 것을 모두 기억하는 것은 사실상 불가능하다. 독서를 통해 나만의 데이터베이스를 만들어 둔다면, 오랫동안 유용하게 쓰이는 아이디어 창고가 될 것이다.

외국어의 중요성 또한 강조하고 싶다. 세계를 하나로 묶어주는 인터넷의 발달로 인해 정보 접근의 자유가 무한대로 커지고 있다. 하지만 세계 공용어인 영어가 자유롭지 않다면 다른 사람들보다 그 접근성이 현저히 떨어질 수밖에 없다. 시험 점수를 위한 외국어가 아닌 실생활을 위한 외국어, 필요에 의한 외국어를 익혀야 한다. 언어는 벼락치기로 습득할 수 있는 영역이 아니기에 매일 꾸준한 노력이 필요하다. 자신이 없다고 해서 애초에 포기해버린다면 언젠가 다가올 기회를 눈앞에서 놓치게 될 것이다. 영어뿐만 아니라 중국어, 독일어 등 다른 나라의 언어를 익히다 보면 그 나라의 관습, 문화 등 새로운 지식도 덤으로 얻게 되어 사고의 폭을 넓히는 좋은 계기가 될 수 있다.

'하고싶다'는 로망으로 도전을 성취해 낸, **변호사 김창훈(철학 01) 동문**

음악에 빠져 킨젝스 보컬로 활동하다 홍대 인디 밴드까지 진출했던 한 사람이 대학교를 졸업하기 전에 사법시험에 합격하는 쾌거를 얻었다. 한 편의 드라마 같지만, 이 모든 것은 한 사람의 로망에서 시작된 도전이었다. 아직은 진행 중인 이 드라마 같은 삶의 주인공 변호사 김창훈(철학 01) 동문을 만나 그의 이야기를 들어 보았다.

먼저 자기소개 부탁할게요.

네, 저는 철학과 01학번 김창훈입니다. 현재 '법률사무소 정상'에서 변호사로 근무하고 있습니다.

킨젝스에서 보컬로 활동했다고 들었는데, 원래부터 음악에 대한 관심이 많았나요?

원래 밴드 활동에도 관심이 있었지만, 고등학교 때는 수능 공부를 해야 했기 때문에 대학교에 가면 바로 동아리에 들어가겠다는 목표 같은 게 있었어요. 그래서 대학생이 되면 밴드부 보컬을 하겠단 생각으로 고3 그리고 재수할 때도 노래 연습을 굉장히 열심히 했어요. 그 당시에는 보컬이 밴드부에서 꽃이라고 생각한 것도 있었고. (웃음) 서강대에 입학해서 드디어 로망이었던 킨젝스에 들어갔을 때 정말 기뻤어요.

그럼 킨젝스로 활동했을 때 가장 기억에 남는 일은 무엇인가요?

제일 기억에 남는 건 제가 27기였는데 우리 기수 멤버가 모집이 잘 안 돼서 일 년 내내 멤버를 구했던 일이 생각나네요. 공연도 많이 했지만 멤버 구성면에서 다 구해지지 않아 조금 아쉬웠던 것 같아요. 그리고 신입생 오리엔테이션에서 많은 사람 앞에서 공연할 때 많이 설레고 떨렸고, 밴드를 열심히 했기 때문에 대학가요제에 나가 서강의 이름을 알리고 싶었어요. 그래서 준비해서 나갔는데, 대학가요제 1차 예선은 통과했지만 2차 예선 때 떨어졌죠. 나중에 30기가 본선에 진출해서 '쇼 음악중심'도 나가고 그랬어요.

홍대에서 인디밴드로도 활동했다고 들었는데, 어떻게 하게 된 건지 궁금해요.

홍대 인디밴드는 누구나 진출할 수 있어요. 일단 그때는 군대 다녀온 뒤에 밴드를 굉장히 하고 싶었고 그만큼 잘하고 싶었어요. 그리고 안 하면 후회할 것 같아서 도전했죠. 제가 하고 싶은 것이었기 때문에 인터넷으로 저와 나이 비슷한 또래들, 그리고 추구하는 음악이 비슷한 사람들을 찾아서 직접 오디션 보고 들어갔어요. 제가 들어가게 된 곳은 막 창단한, 얼마 안 된 밴드였는데 딱 보컬만 없는 상태였죠. 거기에서 1년 정도 활동했어요.

작곡이나 작사도 잘하는 건 아니지만 할 수 있어서, 기타 치면서 흥얼거리는 걸로 작곡 작사도 많이 했어요. 그래서 자작곡도 꽤 있었고요. 대회도 많이 나갔기 때문에 그만큼 상도 많이 받았고, 돈 부족할 때 인디밴드로 대회 나가서 상금 받아 그걸로 생활했어요.

킨젝스 활동 때 정기공연을 해야 하는데 공연을 하려면 돈이 몇 백만 원이 필요하고, 그런데 예산은 없으니까 생존을 위해 자작곡을 만들어 대회에 나가는 거죠. 그래도 제 곡으로 상을 받으면 뿌듯하기도 하고요. 하지만 인디밴드를 하고 좀 더 많은 사람이 모이는 대회를 나갈수록 세상에 잘하는 사람들이 정말 많다는 걸 깨달았어요. 그 세계가 정말 치열해요. 음악에 대한 열정이 엄청난 사람들이에요. 그렇게 다들 잘하는 곳에 가니 움츠러들게 되었어요. '저게 진짜 뮤지션이구나' 하고요.

그래서 사법 시험으로 진로를 바꾸게 된 건가요?
제가 활동했던 인디밴드가 실패하면서(저도 그사이 많은 것을 느끼기도 했고) 살길을 찾아야 했기 때문에 남들은 무엇을 하나 보았죠. 보통 CPA 같은 걸 많이 했지만 저는 자신이 없었어요. 그러면서도 뭔가 멋있는 걸 하고 싶었는데 영어도 못했기 때문에 취업에도 자신이 없었고 그 외의 스펙은 밴드 한 것밖에 없더군요.

그래도 사법시험에 합격한다는 로망이 있었기 때문에, 남들보다 늦긴 했지만 젊을 때 도전이라도 하자는 생각이었죠. 약자 편에 서고 싶다는 로망도 있었고요. 누구나 평등하게 들을 수 있는 음악처럼 법도 누구에게나 평등하게 적용됐으면 좋겠다는 생각으로 그리고 그런 과정에 내가 작은 보탬이 되고 싶다는 생각으로 사법 시험에 도전하게 되었습니다.

서강대에 다녔을 때 기억나는 수업이나 교수님은요?
철학 수업 때 들었던 최진석 교수님이 기억나요. 동양철학 쪽이었는데 그분은 저를 모르시겠지만(웃음) 교수님께서 "철학을 하는 사람은 뭐든지 잘할 수 있다."고 수업시간에 말씀하셨거든요. 이 말이 인상에 남았어요. 그래서 저도 밴드도 하고 사법시험도 볼 수 있었던 것 같습니다.

굉장히 열심히 하신 것 같은데, 그러면 사법 시험은 정확히 언제 시작해서 최종 합격을 하게 된 건가요?

2006년 11월부터 공부한다고 짐을 꾸려 학교 앞에서 자취했어요. 친구들도 거의 안 만나고 '난 고시생이다'는 생각으로 놀지도 않았으니 사실 그때부터가 시작이었다고 봐야죠. 술 마시러 가끔은 나갔지만 거의 공부했고, 2007년 6월에 호랑이를 잡으려면 호랑이 굴에 들어가자는 생각으로 휴학하고 신림동으로 이사 갔어요. 그리고 2009년 6월에 2차 시험을 보고 신림동을 나왔죠. 나오면서 짐을 완전히 싸서 떨어지더라도 다시는 안 하겠다는 결심으로 나왔습니다.

1차 시험은 2008년 2월에 합격했고, 2차 과목이 너무 생소해서 딱 3개월만 학원에 다녔어요. 그리고 바로 6월에 2차 시험을 봤지만, 그 해에 본 2차 시험은 과락으로 떨어졌어요. 1차 시험에 합격하면 2차 시험을 다음해에도 볼 기회를 줬기 때문에 다음 해인 2009년에 2차 시험에 합격했죠. 졸업을 앞둔 마지막 학기 때 최종합격 소식을 들었는데, 그 마지막 학기에 들었던 '형법3' 성적이 C가 나왔어요. 합격한 다음에 들은 법학 수업이었는데도 말이죠.

비법대임에도 불구하고 약 2년 8개월 만에 합격할 수 있었던 비결은 무엇인가요?

일단 정설처럼 되어있는 게 학원 다니고 예 · 복습하면 누구나 합격한다는 거예요. 근데 저는 빨리 합격하고 싶고, 나이도 있으니까 시간을 줄이고 싶었어요. 그리고 다른 사람들과 제가 똑같이 해서는 붙을 수 없다고 생각했어요. 남들과 같이 학원에 다니면 그저 진도만 따라가다 끝날 것 같아서 직접 학원 자료를 수집해서 혼자 공부하는 걸 선택했습니다. 2차 과목이 너무 생소해서 1차 시험 합격 후 2차 과목만 학원 3개월 다닌 점 말고는 혼자 독학으로 공부했어요. 하루도 안 쉬고 15시간씩 혼자 공부했어요. 물론, 힘들고 고되지만 저는 누가 말해주는 것보다 스스로 공부하는 게 습득하는 데 더 좋기도 했고요.

마지막으로 자신의 길을 막막해 하는 후배들에게 응원의 말 부탁해요.

저도 지금 막막한데.(웃음) 삶이란 게 직업을 가져도 확 뚫리는 게 아니에요. 그만큼 나이 든다고 다 알게 되는 것도 아니라서 더 어려운 것 같습니다. 그래도 아직 젊으니까 열정만 있다면 뭐든 도전할 수 있다고 생각해요. 진지한 마음으로 자신을 믿고 최선을 다해 도전하면, 반드시 좋은 결과가 있을 거라 믿어요.(21)

(21) 서강대학교, 『SFC 뉴스레터』 vol. 302, 2013년 8월 20일자.

마음을 열면 혁신이 온다

Chapter.5

열린계의 리더

학생들이 입학했을 때 면담에서 꿈이
무엇이냐고 질문을 해봤습니다.
놀랍게도 불과 20% 정도의 학생만이
자신의 꿈이 무엇인지 설명했고,
20~30%는 아예 꿈이 없었습니다.
나머지 학생들은 불확실한 상태를 보였습니다.
밤을 새면서 정신없이 매진해도 즐거운 것.
그것이 꿈 아니겠습니까.
그런데 꿈이 없거나 불확실하다니,
그런 상황에서 어떻게 '창의적인'
인재가 나올 수 있겠습니까.

– 이진수 포스텍 미래IT융합연구원장

마음을 열면 혁신이 온다

열린계를 실천한 선구자들

대한민국 축구의 자랑인 박지성은
멀티플레이어로 스포츠계의 열린계를 대표한다.
소프트뱅크 손정의 회장은 30년 후가 아니라
300년 후를 내다보는 비즈니스계의 열린계 리더이다.
우리 곁에 있는 열린 리더들을 통해
상식과 한계를 깨고 새로운 혁신을
일으킬 또 다른 리더들이 태어나기를 바란다.

축구의 열린계
– 멀티플레이어 박지성

어느 한 가지만 잘 해서는 살아남지 못하는 세상이다. 축구에서 박지성은 감독의 필요에 따라 수비수가 되기도 하고 공격수가 되기도 하였다. '멀티 플레이어'는 이처럼 주어지는 다양한 방면의 일들을 척척해내는 사람들을 일컫는 말이다.

멀티플레이어는 2002년 히딩크 감독이 우리나라를 월드컵 4강의 신화로 올려놓으면서 선수 개개인들에게 강조했던 전략 중 하나이다. 수시로 바뀌는 상대팀의 축구 전술에 능동적으로 대처하기 위해서 태극전사들은 공격부터 수비까지 모두 가능한 멀티플레이어가 되어야 했다. 공격형 미드필더, 윙어, 최전방 공격까지 어떠한 위치에 있어도 거뜬히 그 임무를 소화했던 박지성 선수는 멀티플레이어의 대표적 사례였다.

나는 멀티플레이어를 보면서 열린계를 생각했다. 어느 역할이든 자연스럽게 적응하는 멀티플레이어는 경계를 허물고 새로운 가치를 창출하는 열린계와 흡사하다. 과학만 잘 하는 친구는 써먹기 애매하다. 과학도 잘 하지만 인문학, 철학, 음악, 미술에도 어느 정도 관심과 소질이 있는 친구는 다방면으로 가능성이 열려있어 이 사회에서는 절대적으로 필요로 하는 인재가 된다. 박지성도 공격만 잘 했다면 국가대표로 살아남지 못했을 것이다. 박지성은 맨유에서도 좌측 우측 미드필더와 윙포워드는 물론이고, 공격형미드필더, 중앙미드필더, 수비형미드필더까지 소화를 해냈다. 미드필더 전 영역에서 뛸 수 있는 선수는 박지성 선수 밖에 없었다. 선수들의 포지션 파괴를 상당히 즐겨하는 퍼거슨감독 휘하의 많은 선수들 가운데서도 박지성 선수만큼 폭넓게 기용을 하는 경우는 굉장히 드물었다.

우리 청년들도 여러 영역을 넘나드는 멀티플레이어가 되어야 하지 않을까. 간신히 취업을 했는데 사람 만나는 걸 싫어해서 영업사원 못하겠다고 하겠는가. 자신에게 주어진 일이 기회다. 부딪혀 보고 자신의 길을 찾아가야 한다. 처음부터 안 된다고 포기하면 사회는 그 청년을 다시는 찾지 않을 것이다. 영업, 생산, 유통, 판매, 관리 등 기업이 경영상 부족한 포지션을 메우기 위해 나를 찾는다면, 다른 사원의 영입 없이 주어진 포지션을 소화해낼 수 있는 사람이 이 시대의 멀티플레이어일 것이다.

축구에서 멀티플레이어를 보면 새로운 포지션을 받아들였다는 것은, 자신이 기존에 플레이하던 포지션의 연장선상에서 플레이를 하는 것이 아니다. 예를 들어 측면 미드필더와 중앙 미드필더는 그 역할이 다르고, 경기에 임해야하는 자세도 다르다. 측면 미드필더로 많은 경기를 치루고 그에 맞는 습관이 몸에 배어있다고 하더라도, 중앙 미드필더의 보직을 받았다면 자신의 습관을 버리고 중앙 미드필더에 걸맞은 플레이를 해야 한다.

이 세상의 멀티플레이어도 마찬가지다. 전공만을 고집하고 그 길에서 최고의 자리에 오르는 것이 가장 순탄한 길일 것이다. 그러나 세상 이치라는 게 그렇게 계산대로만 되지 않는다. 그래서 어떤 돌발변수에도 나의 꿈이 좌절되지 않도록 대비가 되어야 한다. 나의 관습과 패턴을 과감히 버릴 줄 알아야 한다. 그래야 다른 포지션을 쉽게 받아들이고 적응할 수 있다. 관습을 버린다는 건 열린계의 첫걸음이다. 과거의 관습을 버려야 새로운 가치를 선물받을 수 있다.

비즈니스의 열린계
- 소프트뱅크 손정의

첨단IT사업으로 빌 게이츠, 스티브 잡스와 어깨를 나란히 하는 재일동포 손정의. 그의 상식을 파괴하는 열린계 정신은 젊은 창업가들에게 귀감이 된다. 그는 30년 후가 아니라 300년 후를 내다본다. 그는 300년 후에 우리 회사는 어떤 사업으로 얼마만큼의 매출을 올리고 있을 것이라고 예측한다. 그 어떤 뛰어난 세계적 기업의 경영자일지라도 4~5세대를 넘어 300년 후를 내다보며 경영 전략을 짜는 것은 결코 흔한 일이 아니다.

1981년 9월. 손정의는 후쿠오카 현 오도리로 시에 위치한 허름한 2층 건물에서 직원 두 명과 함께 소프트뱅크의 문을 열었다. 낡은 선풍기가 돌아가는 초라한 사무실 안에서 당시 손정의 사장은 귤 상자 위에 올라 30년 뒤에는 조 단위의 매출을 이룰 것이라고 외친다. 고래고래 소리를 지르며 꿈같은 내용의 연설을 하는 것을 본 두 명의 직원들은 고개를 절래 절래 흔들며 두 달도 못 되어 회사를 나갔다. 모두가 손정의와 소프트뱅크를 회의적인 눈으로 바라봤다. 그러나 그의 열정과 천재성을 알아본 사람들이 있었으니 일본 최고의 전자업체인 샤프Sharp 사의 사사키 전무가 그중 하나다. 그는 자신의 집까지 저당 잡히며 손정의에게 자금을 빌려주었고 손정의는 마침내 일본 최대의 소프트웨어업체인 허드슨과 독점계약을 따낸다. 이를 통해 소프트뱅크는 단번에 매출 35억 엔을 올리는 중견 기업으로 뛰어올랐다. 1983년 『주간 아사히』는 그를 '괴물 실업가'로 소개했다.

53세가 되던 2010년 8월에 손정의가 밝힌 인생 50년 계획도 주목할만하다. "20대에 전쟁터에 나가 이름을 떨치고, 30대에 군자금을 모으며, 40대에 일생일대의 승부를 걸며, 50대에 사업을 완성한 만큼, 60대에 다음 세대에 사업을 승계한다." 현재까지 한 치의 오차도 없이 계획했던 길을 걸어왔던 그이기에, 앞으로도 그러하리라 예상한다.

손정의는 반전의 승부사고 상식을 뒤집고 영역을 파괴하는 열린계의 리더다. 그는 어려운 일이 벌어질수록 물러서는 법이 없었다. 2001년 그가 일본 굴지의 통신업체인 NTT 도코모에 맞서 ADSL 사업을 전개할 때 광케이블 임대를 불가不可한다는 장벽에 부딪히자 분산자살을 언급하며 정면승부를 띄웠다. 또한 그 전 해에 발발한 IT버블 붕괴로 자사의 시가총액이 100분의 1로 급감되자 그 해 열렸던 주주총회에서 자신이 직접 주관한 장장 6시간의 마라톤 설명회 끝에 주주들의 이탈을 막았다. 우리는 스티브 잡스만 바라볼 필요가 없다. 우리나라 사람으로 이미 세계 정상에 선 열린계의 리더 '손정의'를 대학에서 만들어내어야 한다. 그러려면 상식대로 가면 안 된다. 상식을 앞서가야 '손정의'가 나온다.

손정의는 선진 문물을 배우겠다는 목적으로 17살때 미국유학을 결심했다. 하지만 당시 집안 사정은 아버지의 병이 깊어지면서 썩 좋지 못했다. 그럼에도 불구하고 손정의는 지금 아니면 안 된다는 생각으로 고집을 부렸다. 그는 학교에 직접 자퇴서를 냈고 가족친지들을 일일이 설득한 끝에 학비와 생활비를 마련할 수 있었다고 얘기한다. 목전의 난관에 결코 굴하지 않고, 치열한 도전정신으로 자신의 꿈을 일구고 미래를 열어나가려는 자세, 바로 이 같은 열린계 정신이야말로 21세기의 새로운 시대정신이 아니겠는가. 아니, 굳이 21세기에 국한할 필요도 없다. 어쩌면 열린계 정신은 인류의 '오래된 미래'인지도 모른다.

취업의 열린계
– 상식파괴 취업

남들과 똑 같이 해서는 남들을 앞서갈 수 없다. 취업도 어렵다 어렵다 하지만 결국 남들과 똑같은 방식으로 준비하기 때문에 어려운 것이다. 열린계는 상식과 패턴을 거부하는 데서 시작한다. 가고 싶은 회사에 이력서를 이메일로 보낸다. 이건 닫힌 패턴이다. 그런 뻔한 방법으로 그 회사의 문이 열릴까? 방법도 달라야 하고 마음가짐도 달라야 한다. 예전에 어느 광고에서 취업을 위해 건물 옥상에서 밧줄을 타고 내려와 이력서를 내미는 장면이 있었다. 조금 과한 설정이기는 하지만 그 정도의 열정은 있어야 취업이 가능하지 않을까? 그런 열정을 가진 사람이라면 스펙과 성적을 떠나 먼저 면접을 보고 싶다.

김희정씨는 '공인 자격증'이나 '전문과정 수료증'을 보유하고 있지 않았다. 그러나 꼭 가고 싶은 회사가 있었다. 화장품 회사의 홍보팀이었다. 그녀는 홍보팀에 메일로 100통 가까운 편지를 보냈다. 그런데 어느 날 그 회사에서 면접을 보러 오라고 전화가 온다. "처음엔 수신 확인도 되어있지 않았습니다. 답변도 없었죠. 그런데 정말 감동적인 것은 홍보부서 팀장님께서 제 e-mail을 모두 프린트 하셔서 모아 두셨더라고요. 그리고 저를 기다리셨다고 해요" 사람 사는 사회는 사람다움으로 닫힌 문을 열어야 한다. 단순히 톡톡 튀는 것으로는 주목을 받을 수가 없다. 회사는 성실하고 열정을 가진 인재를 원한다. 이력서도 이메일로 간단히 보내서는 안 된다. 손 편지를 쓰거나, 남들이 해보지 않은 다른 방법을 생각해 내서 그 회사에 꼭 다니고 싶다는 진심을 전해야 한다.

취업의 문은 스펙만으로 열 수가 없다. 요즘은 직무능력평가라는 테스트를 활용하는 게 좋다. NCS에 기반을 둔 직무수행능력평가는 기존의 스펙위주 채용에서 능력위주의 채용으로 변하는 긍정적인 시스템이다. 대학생들이 스펙을 쌓는데 드는 비용이 4,000만원이라는 얘기가 있다. 많아도 너무 많다. 반면에 기업들이 채용한 인재들을 직무수행능력을 갖춘 인재로 키우는 데는 6,000만원 가까이 든다고 한다. 이 둘 사이의 간극을 줄여야 올바른 취업 문화가 만들어지지 않을까. 직무수행능력 평가는 현재의 닫힌 취업시장을 여는 취업 열린계의 기본 요소다.

기업들도 변하고 있다. SK그룹은 올해 하반기부터 본격적으로 스펙 파괴에 나서고 있다. 우선 입사지원서에서 스펙 관련 항목을 완전히 삭제했다. 지원자 사진도 부착하지 못하게 했다. 또 학력과 전공, 학점만 기재하므로 자연히 자기소개서와 면접의 비중이 높아졌다. 효성그룹은 인적성 검사에서는 지원자와 회사와의 적합성, 수리력 · 언어논리력 · 추리력 등을 검증하고, 면접은 직무 프레젠테이션, 핵심가치 역량 면접, 집단 토론의 심층 평가 형식으로 진행한다. CJ그룹의 종합적성검사CAT는 영역구분이 없어 한꺼번에 출제되는 것이 특징이다. 지원자의 인문학적 소양과 언어 추리력, 수열 추리력, 공간 지각력 등의 영역에서 출제되고 60분 동안 95문항을 풀어야 한다. 인성검사의 경우 40분간 250문항을 풀어야 한다.

나는 토익 100점 올리기보다 자기가 어떤 일을 좋아하며, 어떤 능력을 가지고 있는지를 먼저 찾는 게 중요하다고 본다. 그게 취업의 열린계를 위한 기본 체질이다. 무분별한 스펙 10개를 쌓기보다, 세상에 뛰어들어 경험치를 늘리고 자신만의 스토리를 만들어 가는 게 더 중요하다. 기업은 일을 잘 하는 사람을 뽑는 것이지 겉만 번지르르한 사람을 뽑는 오디션장이 아니다.

나는 취업의 상식을 파괴한 어떤 인재의 이 말이 인상 깊게 다가왔다. "축구팀은 11명인데, 각자 모두 자기의 포지션이 있지요. 아무리 뛰어난 골키퍼가 많더라도 감독이 한꺼번에 3명의 골키퍼를 넣지 않습니다. 남들 따라 한다고 토익 점수 같은 스펙에만 매달리지 말고, 자기만의 경쟁력을 찾아 최선을 다하면 좋은 포지션에 투입될 수 있습니다."

이공계 열린계
– 천재 이공계 인재 유치

왜 우리나라 사람은 노벨상을 타지 못하는 걸까? 특히 과학 분야는 언제쯤 노벨상이 탄생할 것인가? 물론 상을 타느냐 안 타느냐가 중요한 게 아니지만 적어도 우리나라 과학의 문제는 파악하고 넘어가는 게 좋을 거 같다. 우리 과학계가 뭔가 닫혀 있기에 새로운 세계로 나아가지 못하는 것 같기 때문이다.

2008년, 나는 일본이라는 나라가 참 부러웠다. 좀 더 구체적으로 얘기하면 일본의 과학이 부러웠다. 그해 일본의 물리학자들은 노벨물리학상을 수상했다. 왜 우리나라는 저렇게 못할까? 부러움을 넘어서 아쉬움이 더 컸다. 우리나라와 일본이 다른 점이 무엇인가? 가장 근본적인 것은 새로운 지식을 받아들이는 태도의 문제였다. 일본은 명치유신을 통해 나라 전체를 세상에 열어 놓았다. 조금 단순하게 말하자면, 좋은 것은 무엇이든 다 받아들이고 흡수해서 나라를 질적으로 업그레이드시키겠다는 자세가 바로 명치유신이었다. 바로 그 시점부터 대한민국과 일본의 격차가 벌어진 것이 아닐까. 과학의 질적 차이도 바로 그 시점에서였던 것 같다. 일본의 과학은 서구로부터 지식의 완성품뿐만 아니라 지식을 만드는 생산방법까지 도입했다. 그들은 더 수준 높은 과학에 대한 '공부'만 열어둔 것이 아니라 그 과학을 온 몸으로 습득하려는 '연구' 자세까지 열어 두었다.

나는 일본보다 출발이 늦은 건 인정하지만 일본을 아예 따라잡을 수 없다는 자세는 인정할 수가 없다. 그건 내가 몸담고 있는 서강의 정신도 아니다. 그래서 고민한 것이 인재 유치다. 프로농구에서 용병 한명이 경기력을 좌우하고, 프로야구에서 FA선수가 팀의 성적을 좌우하듯이 우리 과학계도 과학계를 뒤흔들 인재가 필요하다는 생각이다. 대한민국 안에 그런 인재들이 있는가. 나는 고개를 돌려 선진국들 속에 숨어있는 우리 민족의 과학인재 발굴이 필요하지 않을까 생각한다. 그 인재들을 적극적으로 모셔와 선진국의 과학 노하우를 빠른 시간에 우리 과학계에 접목시켜야 한다고 생각한다.

미국에는 인도 출신, 중국 출신, 일본 출신 과학인재들이 참 많다. 그러나 한국 출신 과학인재는 드물다. 이것은 국내 과학의 뿌리가 부실해서 세계로 뻗어갈 수 없었기 때문일 것이다.

이공계에 대한 대접 자체가 외국하고 천지 차이이기 때문이다. 이런 상황을 단 시일에 역전시킬 수 없다. 지금 교육체제의 근간을 뒤흔들어야 하는 일이기에 너무나 힘든 문제이다. 그러나 힌트는 있다. 바로 미국이라는 나라의 분위기다. 미국이라는 나라에는 모든 인종의 과학 인재들이 모여 있다. 우리, 한국이라는 나라도 그러지 말라는 법 없지 않은가.

우리나라는 그런 나라다. 자원이 없으면 수입해서 썼다. 대신 사람을 수출했다. 머리가 아닌 노동력으로 나라를 부강시켰다. 성실함이 무기였다. 그러나 이제는 그런 시대가 아니다. 성실함이 아닌 머리가 필요한 시대다. 필요하면 수입하면 된다. 마치 프로스포츠에서 용병을 쓰듯이 말이다. 용병하나가 들어오면 그 용병이 쓰는 기술을 보고 국내선수들도 업그레이드된다. 과학도 용병을 수입하면 그 용병의 지식과 연구노하우가 우리 과학계를 업그레이드시킬 것이다.

중국, 인도를 같은 아시아 국가라고 무시할 게 아니라 그들의 과학인재를 모셔오면 어떨까? 역으로 유럽이나 미국의 인재들을 아시아에서 역할을 할 수 있도록 환경을 만들어 주는 게 어떨까? 100년 전에 우리나라가 문을 열지 못해 일본에 뒤

쳐졌다면 이제라도 문을 열어 수준 높은 인재들이 우리나라 과학계를 휘젓게 했으면 좋겠다. 그것이 이공계 열린계의 시작이 아닐까 생각한다.

대한민국 과학계는 대한민국 경제가 고도의 압축 성장을 한 것처럼 빠른 성장이 필요하다. 그러기 위해서는 수준 높은 인재들을 영입하여 그것을 발전의 지렛대로 삼아야 한다고 본다.

인터넷의 열린계
- 사물인터넷

인터넷만큼은 우리나라가 세계 어느 나라보다 한발 앞서 있는 듯하다. 반도체에서 광통신망에 이르기까지 인프라는 충분하다. 그러나 좀 아쉬운 것이 소프트웨어다. 우리나라 인터넷이 조금 더 발전하려면 소프트웨어의 개발이 절실하다. 요즘 아파트를 보면 많이 진화된 느낌을 갖는다. 특히 초고속정보통신과 홈네트워크는 버튼 하나로 집안의 모든 것을 통제할 정도까지 수준이 올라왔다. 아파트와 인터넷의 만남, 이건 우리나라만이 해낼 수 있는 최대의 장점이다.

아파트와 인터넷의 만남에서 요즘 가장 많이 회자되는 단어가 사물인터넷이다. 사물인터넷은 인터넷을 기반으로 모든 사물을 연결하여 사람과 사물, 사물과 사물 간의 정보를 상호 소통하는 지능형 기술 및 서비스를 말한다. 영어 머리글자를 따서 '아이오티IoT'라 약칭하기도 한다. 이 용어는 1999년 매사추세츠공과대학교MIT의 오토아이디센터Auto-ID Center소장 케빈 애시턴Kevin Ashton이 향후 RFID전파식별와 기타 센서를 일상생활에

사용하는 사물에 탑재한 사물인터넷이 구축될 것이라고 전망하면서 처음 사용한 것으로 알려져 있으며, 이후 시장분석 자료 등에 사용되면서 대중화되었다.[22]

우리 사회는 산업혁명, 정보혁명을 거치며 모든 사물이 하나로 연결되는 초연결혁명 시대를 맞이하고 있다. 사람과 사물, 공간과 데이터 등이 인터넷으로 연결되어 생활의 기반이 된다. 부산에서도 서울에 있는 내 집의 가스를 제어할 수 있

(21) 『네이버지식백과』 사물인터넷 [Internet of Things(IoT), 事物-] (두산백과) 참조)

고, 냉장고 안에 들어있는 음식의 부패수준을 냉장고 소프트웨어가 음성으로 말해주기도 한다. 그냥 거울을 봤더니 거울이 오늘은 날씨가 어떠하니 이러이러한 옷을 입으라고 조언한다. 이게 영화 같은 이야기 같지만 이미 우리 주변에서는 현실로 하나씩 이루어지고 있다. 이것이 바로 인터넷으로 이루고 있는 열린계 혁명, 사물인터넷이다.

우리는 컴퓨터와 어떻게 만났나. 전원만 켜면 모든 것을 쉽게 해결하는 그런 컴퓨터는 아니었다. 부팅시간도 한참 걸렸고, 플로피디스크나 CD를 사용하기도 했다. 최근에야 USB가 나오고 아이패드가 나왔지만 그야말로 덩치 큰 구닥다리 컴퓨터로 PC 통신을 하면서 겨우겨우 정보화의 언덕을 넘어온 게 우리다. 그러나 그렇게 걸어온 우리의 정보화 혁명은 다른 나라 사람이 보기에는 엄청난 속도였다. 그러나 거기서 더 발전할 것이냐 정체할 것이냐는 이제 사물인터넷이 결정할 것 같다.

내 자동차도 블루투스 서비스가 된다. 핸드폰을 들지 않아도 통화를 할 수 있고, 내 핸드폰 속의 음악도 들을 수 있다. 나도 옛날 사람이지만 이런 사물인터넷 서비스를 점점 익숙하게 받아들이고 있다. 최근에 나온 스마트 안경 '구글글래스'나 나이

키의 건강관리 스마트팔찌인 '퓨얼밴드'도 곧 사용하게 될지 모른다. 지금까진 인터넷에 연결된 기기들이 정보를 주고받으려면 인간의 '조작'이 개입돼야 했다. 사물인터넷 시대가 열리면 인터넷에 연결된 기기는 사람의 도움 없이 서로 알아서 정보를 주고받으며 대화를 나눌 수 있다. 블루투스나 근거리무선통신 NFC, 센서데이터, 네트워크가 이들의 자율적인 소통을 돕는 기술이 된다.

앞에서 언급했듯이 우리나라만의 독특한 환경이 인터넷과 아파트다. 나는 사물인터넷이 아파트에 접목이 된다면 우리나라에 놀라운 생활혁명이 이루어질 것이라고 확신한다. 이미 어느 건설업계에서 시도하고 연구하고 있을지도 모른다. 아파트는 우리나라에서 가장 대중화된 주거문화다. 우리나라만큼 빠르고 편리하게 인터넷을 사용하는 나라는 없다. 이 유니크한 장점을 사물인터넷으로 극대화시키면 전 세계적으로 놀랄만한 생활혁명을 만나게 될 것이다.

생활 속의 열린계 열린계 팁 30

1. **가족의 열린계**

   남편과 아내의 위치를 자주 바꿔라.

   요즘은 요리하는 남편들이 더 멋있다.

   –

2. **청춘의 열린계**

   너만의 방식으로 너만의 경계를 만들라.

   One of Them이 아닌 Only One이 되라.

   –

3. **대학의 열린계**

   대한민국 안의 대학에 머물지 마라.

   이미 강의실은 세상 밖으로 열려 있다.

   –

4. **취업의 열린계**

   10년 전과 똑같은 방식으로 취업하지 마라.

   면접관에게 새로운 것을 보여주려는 자세로 덤벼라.

   –

5. **행정의 열린계**

   공공과 민간의 영역을 넘어서라

   이젠 복지부동이 아닌 날아다니는 아이디어가 필요하다.

   –

6. **민족의 열린계**

   내 민족이 최고라는 생각을 버려라.

   이미 온 세상이 한 민족인 세상이다.

7. **트렌드의 열린계**

10명 중의 9명이 치킨 집을 차린다.
차라리 치킨 집 컨설턴트가 되라.

–

8. **음식의 열린계**

우리나라는 세계에서 유일하게 비빔밥이라는 기발한 음식을 먹는 나라다. 밥그릇에 온갖 종류의 야채를 넣고 고추장 한 스푼, 참기름 그리고 계란후라이 착 얹어서 슥슥 비벼먹으면 되는 게 비빔밥이다. 그 비빔밥이 열린계고 통섭이고 융합이다. 그렇게 비비다 보니 전혀 다른 맛과 영양을 우리에게 준다. 그것이 음식의 열린계다.

–

9. **오다노부나가의 열린계**

오다노부나가는 폭풍우를 만나 불시착한 포르투칼인으로부터 조총을 도입하고 배워 일본이 강국으로 가는 초석을 다졌다.

–

10. **코페르니쿠스의 열린계**

절대적인 것에 대한 저항.
지구는 우주의 중심점이라는 엄청난 특권을 포기해야 했다.
인간은 엄청난 위기에 봉착했다.
종교적 믿음에 대한 확신, 거룩함, 죄 없는 세상,
이런 것들이 코페르니쿠스에 의해 일장춘몽으로
끝날 위기에 놓인 것이다.

–

11. **유머의 열린계**

유머는 닫힌계를 열리게 하는 장치다.
세상은 웃어야 열린다.

12. 언어의 열린계

영어만이 전부가 아니다.

영어 외의 다른 언어로 다른 세계를 열어라.

독특한 언어를 습득해 그 세계에서

독보적인 존재가 되는 것도 한 방법이다.

–

13. 남녀의 열린계

남자는 여자들의 영역에,

여자는 남자들의 영역에 도전하라.

–

14. 수학의 열린계

수학을 강의실 안에 가두지 마라.

생활 속에 수학을 찾아라.

영화와 수학의 만남, 문학과 수학의 만남,

심지어는 다이어트와 수학도 만날 수 있다.

–

15. 역사의 열린계

역사를 의심하라.

권력자에 의해 쓰인 역사가 아닌

거꾸로 된 역사를 찾아라.

–

16. 창업의 열린계

동업하지 말고 혼자서 창업하라.

혼자서 창업해서

여러 사람과 제휴해라.

17. 캠퍼스의 열린계

공부를 캠퍼스 안에서만 한다는 생각을 버려라.
주는 대로 받아먹지 말고 찾아서 공부하라.
공부하러 떠나라.

–

18. 여행의 열린계

늘 가던 곳으로만 여행가지 마라.
남 따라가는 여행이 아니라
나만의 컨셉이 있는 여행을 떠나라.

–

19. 독서의 열린계

독서의 패턴을 바꿔라.
인문계라면 과학서적도 찾아서 읽어라.
거꾸로 이공계는 문학과 글쓰기에 빠져들라.

–

20. 인재의 열린계

하나만 잘하는 인재보다
창의, 퓨전형의
멀티플레이어 인재를 뽑아라.

–

21. 거주지의 열린계

서울만 고집하지 말라.
국내만 고집하지 말라.
시선을 돌려 지방과
세계로 삶의 중심축을 옮겨라.

22. 학력의 열린계

학력의 상식에서 탈피하라.
학력이 아닌 능력을 키워라.

–

23. 이념의 열린계

나와 다른 이념, 다른 생각을
포용하고 귀 기울여라.
내 이념이 최고라는 생각을 버려라.

–

24. 시장의 열린계

시장의 상식을 파괴하라.
남들이 가지 않는
마케팅의 블루오션을 개척하라.

–

25. 부부의 열린계

부부 사이에 감추는 게 없어야 한다.
서로 솔직하게 살자.
그래야 오래간다.

–

26. 국가의 열린계

한 나라만 고집하지 말고
다른 나라에도 살아보자.
처지가 달라야 생각이 열린다.

27. 예술의 열린계

과학과 미술을 결합하라.
건축과 음악을 결합하라.

–

28. 친구의 열린계

외국인 친구를 사귀어라.
나라별로 사귀어라.

–

29. 사회의 열린계

나보다 높은 곳보다
나보다 낮은 곳의 아픔을
바라보고 손을 내밀어라.
혼자 잘 사는 경쟁보다
더불어 잘 사는 화합이
좋은 사회로 가는 열린 혁명이다.

–

30. 나이의 열린계

나이와 숫자에 대한 상식을 벗어던져라.
아이에게도 배우고, 어른에게도 당당하라.
노인은 지혜의 역사이고, 아이는 새로움의 씨앗이다.

에필로그

옛날에 할아버지와 손자가 밭에서 콩을 심고 있었다. 어린 손자는 씨앗을 소중이 여겨 콩 한 알씩 심었다. 그런데 옆에서 할아버지는 한 구멍에 세 알씩 심고 있는 게 아닌가. 손자는 궁금했다. 할아버지, 왜 아깝게 세 알씩 심으세요? 이때 할아버지의 대답이 걸작이다. 한 알은 하늘을 나는 새가 먹고, 한 알은 땅을 기는 벌레가 먹고, 나머지 한 알은 사람이 먹을 것이란다. 오래 전에 할머니로부터 들었던 이야기다. 농사짓는 사람들의 기본적인 마음을 짐작게 하는 대목이다. 그런 얘기를 얼마 전 문학비평가 이어령 선생의 글을 통해 다시 떠올리게 되었다. 선생은 하늘과 땅과 사람이 순환적으로 자연스럽게 소통했던 천지인 사상과 관련하여 해석하면서, 선인들의 지혜를 거론했다. 작은 콩알 하나에 깃든 우주만물의 섭리를 선인들은 어떻게 깨우쳤을까? 콩을 심으면서도 하늘과 땅과 인간으로 열린 마음을 품었던 것을 생각하면 새삼 감동이 우러난다. 오래된 나눔과 베품의 윤리 감각도 어쩌면 이런 열린 지혜와 관련된 것이 아니었을까?

그런데 그런 마음들이 역사를 통해 내려오면서 계속 열림 쪽으로 진행해 오지 못한 것도 사실이다. 서로 허심탄회하게 소통하고 힘을 모으기보다 붕당을 지어 반목하는 경우도 많았으며, 폐쇄적 당파싸움으로 국운을 위태롭게 한 사례도 많았다. 구한말 쇄국정책만 하더라도 그렇다. 그때 조금 더 전향적으로 열린 마음을 견지했더라면, 우리의 근대사는 다른 방향으로 전개되었을지도 모른다. 반만년 역사 속에서 다양한 열림과 닫힘을 체험했음에도 불구하고, 우리는 여전히 닫힌 혈연, 지연, 학연으로부터 자유롭지 못하다. 이기적 인연에 한없이 너그럽고, 이타적 소통에 너무나 엄격했던 탓에 겪지 않아도 될 일도 많이 겪었음을 우리는 잘 안다. 닫힌 정주민의 사고는 한편으로는 안정과 평화를 가져올 수 있지만, 정체와 타락으로 이어질 수도 있다. 고여 있는 물은 썩기 쉽다고 하지 않았던가?

나는 공학자로 평생을 살아왔다. 과학과 기술의 진보를 통해 인류의 문명과 생활을 윤택하게 하고 발전시키기 위해 공학자들은 고여 있을 수가 없다. 이미 자신이 개발한 기술에 머물지 않고 끊임없이 새로운 개발과 발명으로 나아가야 하기에 공학자는 닫힌 자세가 아닌 열린 자세를 견지해야 하는 것이 필수적이다. 열린 노마드 정신으로 무장한 유목민이 되어야 한다. 만약 어떤 이가 "나는 이미 이런 기술을 개발한 사람이야"라며 폐쇄적인 자부심만 강조한다면, 이미 그는 진정한 공학자의 반열에서 멀어진 사람이다. 그럼에도 30년 넘는 공학 교수 생활을 하면서 현실의 벽은 매우 두텁다는 사실을 절감했다. 저마다의 벽 안에 갇힌 채 닫힌 사회를 살아가는 모습도 자주 목격했다. 총장으로 봉사하면서 자연스레 대학을 포함한 사회 전체에 대해 성찰할 계기가 많았다. 어느 쪽이 먼저랄 것도 없이, 우리 대학과 사회 도처에서 절망적으로 닫힌 징후가 포착되었다. 매우 안타깝고 유감스러웠다.

무엇보다 열린 교육을 통해 열린 젊은이들을 성장시켜 나라와 세계에 이바지할 수 있기를 소망하며 공학 교수를 해왔고, 총장으로 봉직해 왔는데, 현실의 벽은 여전히 완고한 듯 보였다. 그래서 나의 전공에서 터득한 지혜라 해도 좋을 '열린계' 프로젝트를 제안해 세상에 간절한 자극을 주고 새로운 변화를 견인하고 싶었다. 열린계의 시각으로 조망하니 역사에서도 다양하고 흥미로운 사실들을 새롭게 발견할 수 있었다. 작금의 세계사가 입증하고 있듯이, 무릇 명문대학이나 명품 조직은 열린 사회였다. 한 집단이 그 집단의 경계를 에워싼 나머지 조건들(세상, 마음, 물질 등)의 물리적 한계를 인정할 것은 인정하면서도 닫힌 경계를 활짝 열고 소통하는 집단이 긍정적으로 진화했고, 명문이나 명품으로 성장했다. 100% 과학적 확신까지는 아니더라도, 필자가 내린 정성적인 결론은 열림의 자세가 세상을 선도하고, 융합과 통섭을 통해 열린 혁신을 가능하게 한다는 것이다. 다시 강조하건대, 문제는 열린 마음이다. 마음을 열면 혁신이 다가온다!

앞에서도 언급했지만, 이 땅에도 열린 마음으로 혁신을 추구하려 했던 사례들은 얼마든지 많다. 특히 17~18세기 실학파의 지향은 대표적인 열린계의 본보기로 거듭 강조해도 지나치지 않는다. 전통적인 닫힌 유학자들이 배제했던 오랑캐에게서도 배울 것은 배워야 한다는 사고는 과히 혁명적이었다. 열린 마음으로 배우고 추구하여 삶의 실질을 혁신하겠다는 실학적 지향은 오늘에도 여전히 살아있는 귀감이 아닐 수 없다. 21세기의 이 땅에도 다시 혁신적인 실학파가 필요하다. 개인이든, 집단이든, 권력이든 외교든, 남북문제든, 그리고 그 어떤 분야든 그야말로 열린 사고를 가진 실학파들을 간절히 요청한다. 과학과 인문학을 넘나들고, 국경을 초월해 자신의 꿈을 펼치는 열린 인재들이 절실하다. 나는 이 '열린계' 프로젝트를 통해 통섭,

융합, 퓨전의 새로운 트렌드를 한 곳에 모아 상식과 한계를 넘어서는 인재들이 대한민국 곳곳에서 활달하게 비상하게 하고 싶다. 희망은 마음을 여는 자의 전유물이다. 열린 혁신은 마음을 여는 자에게만 주어지는 선물이다.

그러니, 이 땅의 청춘들이여. 열자, 열자, 한 번만 더 열어 보자. 마음을 활짝 열고 깊은 숨을 내 쉬자. 그리고 한 걸음 크게 내딛어 보자. 백척간두에서 진일보하는 세상의 모든 이들에게 영광이 있기를 빈다. '열린계' 프로젝트의 이름으로!